恋する韓国語

恋する韓国語 もくじ

■中高生編
- 006 韓国人の初恋
- 011 模範学生のデート
- 015 ハンバーガーショップでやせ我慢
- 019 遊園地には行けないけれど
- 023 ビデオバンでは2人だけ
- 027 奴隷ミーティンに参加する
- 032 コーラテックは中高生用ディスコ
- 036 画像チャットで彼女を捜す
- 040 不良高校生のデート
- 044 カラオケで盛り上がる

■大学生編
- 050 浪人生は大学の合否が縁の切れ目
- 054 大学生にはミーティンしかない
- 058 恋は動いているもの
- 061 徴兵は恋愛最大の障壁
- 065 ぬいぐるみは愛の証
- 069 可愛いぬいぐるみは彼女のかわり
- 072 ウェスタンバーはお洒落なデートスポット
- 075 インターネットで愛を語る
- 079 バレンタインデーは告白の日
- 083 カラオケで愛の告白をする

■社会人編

088	ウキウキの春は浮気の季節
092	薄着の夏は矛盾の季節
096	紅葉狩りの秋は求婚の季節
099	人寂しい冬は恋人を捜す季節
103	女性はふたりの将来を占いで決める
107	クリスマスは愛が高まる日
111	競馬場は恋人と楽しく遊ぶところ
115	誕生日には赤いバラを！
118	ビアガーデンには人間狩りがある
121	週末恋人は遠距離恋愛
124	別れ話の切り出し方
128	仲直りするためにはひたすら謝る
132	お見合いはまだまだ盛ん
135	お見合いの１カ月後
138	恋と信仰は両立しない
141	ナイトクラブは踊って合コンするところ
145	ナイトクラブでブッキン
148	ナイトクラブの二次会で盛り上がる
151	ルームサロンは高級クラブ
154	カラオケにはホステスがいる

中高生編

初恋は誰にだってあるもの
첫사랑은 누구에게나 있는것

DIALOGUE

女の子： ネガ　ビルリョジュン　シーディー　ジャルドロッソ
네가 빌려준 CD 잘들었어
CD貸してくれてありがとう

男の子： イーガス　シーディー　ドー　イッヌンデ　ググット　ビルリョジュルケ
이가수 CD 더있는데 그것도빌려줄께
この歌手のCDもっとあるけどそれも貸してあげるよ

女の子： ジョンマリヤ
정말이야
本当に！

男の子： グルン　イシーディー　ノハッレ
그럼 이 CD 너할래?
そしたらこのCDあげようか？

女の子： ネガ　ガジョド　デ
내가 갖어도 돼
私がもらっていいの？

男の子： ヌマンクムン　アニジマン　ナド　イガス　ケ　ジョアハヌン　ピョニヤ
너만큼은 아니지만 나도 이가수 꽤 좋아하는 편이야
君ほどではないけどボクもこの歌手かなり好きだよ

女の子： ウン　ゴマウォ
응, 고마워
うん、ありがとう

●間接的に告白するのがういういしい

　気になる子がいて普段声はかけられるが、「好きだ」ということをどういうふうに伝えればいいか胸がドキドキする中学生時代の初恋の体験。これは日本人も韓国人も同じだ。中学生時代は、小学校を卒業してちょうど異性に目覚める時期だ。

　ダイアログの会話は、中学校１年生のころによくあるパターン。はっきりと「好きだ」と言えない子は、いろいろ考えて間接的に好きなことを伝えようとする。本やＣＤを貸し借りして、まず話をするきっかけをつくる。そして女の子が好きなミュージシャンのＣＤや作家の単行本をプレゼントする。

　ダイアログで男の子が「君ほどではないけどボクもこの歌手かなり好きだよ」と言っているが、この部分は「女の子がＣＤの歌手を好きなほどには、男の子はその歌手に入れ込んでいない」という意味のほかに、「ＣＤの歌手が好きなのよりもずっと女の子のことが好きだ」という意味が含まれていて、男の子が間接的に愛の告白をしている。

　これに対して女の子は「うん、ありがとう」と応えているが、これは非常に曖昧な返事。友だちとしてはいいが彼氏とは考えられないのか、好きなんだけど恥ずかしくて面と向かってははっきりとした返事ができないのか、文字に書かれた会話だけならどちらにもとれる。ダイアログの流れからすると、やんわりと断られてしまったようだ。友だち以上恋人未満といったところか。

　交際のきっかけとしては、コンサートやイベントのチケットなどを手に入れ、女の子を誘ったりするのが常套手段だが、内気でなかなか言い出せない子たちは、友だちに頼んで自分の気持ちを好きな子に伝えてもらい、好きだということを間接的に表現することもよくある。

その一方で、積極的な男の子は、好きな女の子の家の前で待っていて、ラブレターを手渡したり、直接告白したりする。
　このほかによくあるパターンは、詩集などの本をプレゼントして中に自分の携帯番号やＥメールアドレスを書いた紙やラブレターを挟んでおくというもの。相手が好意をもっていてくれてれば返事がくるし、対象外なら何の音沙汰もない。

●初恋のきっかけとなるバンチャンフェ

　初恋というものは誰でも体験するものだ。もちろんほとんどの韓国人も初恋を体験するが、その様子は日本人とよく似ている。

　韓国には、夏場に咲く『ボンソンファ（봉선화）』（いわゆる日本のホウセンカ）という花で爪を赤く染め、初雪が降るまでその色が残っていると恋が叶うという話がある。最近でも女の子たちがよくやっているこの遊びは、時代が移り変わっても恋に対する願いというものが変わらないということを示している。

　男女共学が一般的でない韓国はせいぜい小学校までが共学で、中学校にあがると男女で学校が別々になり、男女が知り合う機会がなかなかない。そこで、中学生たちはさまざまな名目をつけて集まるチャンスをつくろうとする。

　そのなかのひとつに小学校６年生のときに同じクラスだった子たちの集まりである『バンチャンフェ(반창회)』がある。日本語に訳せば「班窓会」になるだろうか。異性にめざめた中学１年生の男女は何度も集まる機会をつくって胸をドキドキさせる。

イボン　バンチャンフェガットニ　ゲ　ノムモッシッケ　ビョネットラ
이번 반창회갔더니 걔 너무멋있게 변했더라
今回バンチャンフェに行ったら本当に格好よくなっていたよ

ゲ　エィンナレ　ウリヨッチベ　サラッヌンデ　ネガ　エィギヘジュルカ
걔 옛날에 우리옆집에 살았는데 내가 얘기해줄까?
あいつ昔うちの隣に住んでたから私が声かけてあげようか？

などという話を女の子たちはしている。

　小学生のときには顔見知りといっても、思春期になればまた異性に対する見方が変わる。小学生まではただの仲の良い友だちど

うしでも、中学生になれば初恋の相手になるのだ。

バンチャンフェが開かれる場所は、小学校の教室。事前に学校の先生に連絡しておいて、日曜日の教室を使わせてもらう。参加者はお菓子やジュースを持参して、懐かしい教室で楽しいひとときを過ごす。クラス全員が参加することはなく、ふつうは数人、多くても十数人という規模だ。

ここでカップルが誕生することもあるし、後日友だちに彼氏や彼女を紹介してもらうこともある。

ちなみに、同窓会は『ドンチャンフェ（동창회）』といい、学年全体で開かれることが多い。

また、通学で同じバスに乗り合わせたり、町中ですれ違ったりして、男の子から直接話をかけられるケースもよくある。

ホクシ　ソンヨンイ　アニャ　ジャル　イッソッニ
혹시 선영이 아냐 ? 잘 있었니 ?
もしかすると善英じゃない？元気？

ナ　ギオッケ　イゲ　オルママニヤ
나 기억해 ? 이게 얼마만이야!
ボクのこと覚えてる？久しぶりだね！

男の子たちはこのように声をかけて、幼なじみの気をひこうとする。恋愛レースは、中学生からすでに始まっている。

模範生徒のデート
모범생의 데이트

DIALOGUE

男の子: ^{セロオシン ウリ スハクソンセンニム クッネジュゲ ジャルガルキョ}
새로오신 우리 수학선생님 끝내주게 잘가르켜
新しい数学先生が来たんだけど、すごく教え方がうまいよ

女の子: ^{アニャ ウリスハクソンセンニミ ドネエソ ゼイルイラトンデ}
아냐, 우리수학선생님이 도내에서 제일이라든데
違うわ。うちの数学の先生がこの県でいちばんなんだって

男の子: ^{グレ ノジャルラッタ}
그래 너잘났다
そうそう、なんでも君が偉いんだから

女の子: ^{グレ ナ ジャルラッソ}
그래 나 잘났어
そうだよ。私偉いんだから

男の子: ^{ノガチ ジギシロ ハヌン エヌン チョウンバッソ}
너같이 지기싫어 하는 애는 처음봤어
君のような負けず嫌いははじめて見た

女の子: ^{コッ グルッケ マレヤゲンニ}
꼭 그렇게 말해야겠니
そんなに言わなくていいじゃない

男の子: ^{ミアンミアン、ネガ ノム ジナチョッソ}
미안미안, 내가 너무 지나쳤어
ごめんごめん、ぼくが言い過ぎたよ

●まじめな男の子はまじめな女の子が好き

　もともと模範生タイプというのは恥ずかしがり屋で、気にいる子がいても声をかけることができずモタモタしている子が以前の韓国では多かった。

　しかし、このごろは勉強もよくできてまじめな男の子も、女の子に積極的にアプローチしてつきあうのが平気になっている。

　ダイアログのように、学校や塾の先生の質や授業内容を話題にすることはよくある。自分の先生を互いに自慢して半分ケンカになってしまうこともしばしばだ。でも、口喧嘩していても本当は楽しいのが中学生の恋。男の子が強い調子で「君のような負けず嫌いははじめて見た」と言えば、女の子は半分甘えながら「そんなに言わなくていいじゃない」と反論して相手が折れるのを待つ。

　韓国では学習塾やピアノ教室などの習い事をいくつもしている中学生も多く、模範生どうしだと話題が勉強や進学のことになりがちだ。

ヨジュン　ハグォン　ミョッグンデ　ダニョ
요즘, 학원 몇군데 다녀?
最近、塾は何カ所通っている？

ネガ　ダニヌン　ヨンオハグォン　ソンセンニムン　オッテ
네가 다니는 영어학원 선생님은 어때?
あなたが行っている英語塾の先生はどう？

ピアノ　ベウンジョクイッソ
피아노 배운적있어?
ピアノとか習ったことあるの？

また、最近は女の子が先に手紙を送りデートを申し込むパターンが多い。中学生のおこづかいは1カ月20,000～40,000ウォン（1円は約10ウォン）なので、母親から特別のおこづかいをもらってデートの費用にあてたりもしている。
　一般的に模範生の女の子は模範生の男の子が好きで、勉強がよくできてスマートなタイプにひかれる。デートは演奏会や映画が定番。男の子が女の子にいろいろ説明してあげて話が盛り上がる。

イピョンジ　イルゴバ
이 편지 읽어봐
この手紙を読んでください

シガンイッソミョン　ヨンファボロ　アンガルレ
시간있으면 영화보러 안갈래?
時間があったら映画を見に行かないか？

クレシッ　コンソトゥ　ゾアヘ
클래식 콘서트 좋아해?
クラシック・コンサートは好きですか？

●男の子の話題は彼女に尽きる

　男子中学生の話題と言えば、彼女の話に尽きる。みんなに彼女がいるわけではないが、いてしまうことにするのが韓国流。男子中学では女の子の話題に入れないと仲間はずれにされたりするので、本当はただの幼なじみなのに、彼女ということにしてしまうこともよくある。男女が別々の学校に別れている韓国では、ただの友だちとか好きな女の子を彼女だということにしても、それほど大きな問題にならない。

　韓国の中学や高校では日本とほとんど同じデザインの学生服を制服としているところもかなりある。したがって、学内の様子は日本の男子中学や高校と非常によく似ていたりするのだ。

●デートについてはナルナルリに相談

　ぜんぜん最近の事情なんか知らないまじめな男の子は、デートする前に『ナルナルリ（날나리）』に相談する。

　ナルナルリというのは、勉強をまったくせずに女の子と遊んでばかりいる生徒のこと。流行の服を着て髪の毛を染め、いかにしたら女の子にもてるかということを、いつも考えている。イメージとしては、キザな子どもといったところか。

　ナルナルリは、当然のことながら、楽しいデートスポットや女性の喜ばせ方を知っているので、初デートともなれば、模範生から不良まであらゆる生徒がナルナルリに相談する。

　髪型はどういうのがいいのか、服はどんなデザインがいいのか、どんなことを言って誉めればいいのか、いろんなことを質問してデートに備える。ふだんはつまはじき者のナルナルリだが、恋愛に関してだけは頼りになり、みんなのご意見番となって活躍する。

ハンバーガーショップでデート
햄버거집에서 데이트하다

DIALOGUE

男の子:
<small>モルハルカ　モウ　ハゴシップンゴ オプソ</small>
뭘할까? 뭐 하고싶은거 없어?
なにをしようか？　なにか希望は？

女の子:
<small>ナ　ベゴパ　メクドナルドガジャ</small>
나배고파. 맥도날드가자
お腹がすいてるの。マクドナルドに行こうよ！

男の子:
<small>モウモゴルレ　ビンメク</small>
뭐먹을래? 빅맥?
何を食べる？　ビッグマック？

女の子:
<small>メクセットゥ　ヌヌン</small>
맥세트, 너는?
マックセット。あなたは？

（男の子が5,000ウォンしか入っていない財布を思い浮かべる）

男の子:
<small>ウン　ナヌン　ベアンゴパ</small>
응 나는 배 안고파
うん、ボクはお腹すいてないから

女の子:
<small>チョンマル、ベアンゴパ</small>
정말, 배안고파?
本当にお腹空いてないの？

男の子:
<small>バンモゴンジ　オルマアンデ</small>
밥먹은지 얼마안돼
ご飯食べたばかりだから

女の子:
<small>クルン　ナホンジャモンヌンダ</small>
그럼 나혼자 먹는다
そうしたら私ひとりで食べるね

●5,000ウォンの恋が流行っている

　最近韓国の高校生の間で流行っている言葉に『5,000ウォンの恋の物語（5천원짜리 사랑이야기／オチョノンチャリ　サランイヤギ)』というのがある。

　要するに、5,000ウォン（1円は約10ウォン。5,000ウォンは1,000円くらいの使い出がある）でどんな魅力的なデートができるかということ。

　韓国ではデートをすると男性の方がデイトの費用を出すことになっており、それは当然高校生にも当てはまる。日本人のデートが割り勘が基本なのに比べると、男性への負担が大きいのだ。ただ、最近は徐々に割り勘が増えつつあり、女の子のほうから

オヌルン　タロタロ　ネジャ
오늘은 따로따로 내자
今日は べつべつにしましょう

と言って割り勘にするケースもある。もちろん、

アニャ　オヌルン　ネガネルケ
아냐, 오늘은 내가낼게
いや、今日はボクが払うよ

と言って男のプライドを保とうとする男の子もまだ多い。

　中高生のアルバイトがほとんどない韓国では、デートの資金は毎月のおこづかいだけで、そこから彼女の分まで捻出するのはなかなか難しい。

　だから、男子高校生たちは、『5,000ウォンしか持ってないときに彼女を喜ばせる方法』をインターネットなどで交換しあい、

日々女性のために努力している。

オチョンウォヌロ　ヨジャチングロル　ギプゲハルスイッヌン　バンボブル　ハンボンセンガクヘバ
5천원으로 여자친구를 기쁘게할수있는 방법을 한번생각해봐
5,000ウォンで彼女を喜ばす方法を教えてください

　もちろん、女の子のほうもこのへんの事情は心得ていて、

オヌルン　ドソグァンウロガジャ
오늘은　도서관으로 가자
今日は図書館に行きましょう

などと言って、お金のかからない場所でデートできるように気をつかうこともある。

●男は子どもでも我慢するもの

　ダイアログでは、男の子がやせ我慢している。5,000ウォンではマクドナルドのハンバーガーセットを2つは買えない。そこで、おなかがいっぱいだからとウソを言って彼女だけに食べさせ、自分はジュースだけで我慢する。

　これに対して、ダイアログのように「そうしたら私ひとりで食べるね」と言って平気で平らげてしまう女の子もいれば、「脂は体によくないから」と言ってポテトを男の子に渡す子もいる。

　ポテトをくれるようなやさしい女の子に惚れてしまうのは日本も韓国も同じ。ポテトのお礼に彼女が喜ぶプレゼントを渡そうと男の子の方は考える。

ヨジョネ　モグットン　ポテイトエデハン　ソンムリヤ
요전에 먹었던 포테이토에대한 선물이야
この間のポテトのお礼のプレゼントだよ

ナ　グ　ポテイトモッコ　ガムドンヘソ　ヌンムルナオヌンジュル　アラッソ
나 , 그 포테이토먹고 감동해서 눈물나오는줄 알았어
ボク、あのポテトに感動して涙が出てきそうだったよ

ノジョンマル　マウミ　チャカンゴカテ
너정말 마음이 착한것같애
君って本当に心がやさしいね

遊園地には行けないけれど
유원지는 못가도

DIALOGUE

男の子：오늘은 어디로 놀러갈까?

　　　<ruby>オヌルン<rt></rt></ruby>　オディロ　ノルロガルカ
今日はどこへ行って遊ぼうか？

女の子：나 놀이기구 타고싶은데
　　　ナ　ノリギグ　タゴシップンデ
私、遊園地で乗り物に乗りたいけど

男の子：그럼, 내가 유원지랑 똑같이 해줄께
　　　グルン　ネガ　ユウォンジラン　トカチ　ヘジュルケ
　　　지갑속의 5천원을 떠올리며
　　　〔財布の5,000ウォンを思い浮かべながら〕
そうしたらボクが遊園地と同じようにやってあげるから

女の子：어떻게?어떻게?너무 궁금해
　　　オトッケ　オトッケ　ノムクングムヘ
どうやって？どうやって？楽しみだわ

男の子：괜찮아. 나한테 맡기기만 하라니까
　　　ゲンチャナ　ナハンテ　マッキギマン　ハラニカ
大丈夫。ボクにまかせてよ

●ふたりでつくる遊園地

　5,000ウォン（約500円）ではふたりで遊園地に遊びに行くことは不可能。では、ダイアログのふたりは、このあといったいど

うしたのだろう。

　このあと、ふたりは近くの公園に行く。男の子は女の子をおんぶして公園の階段を上ったり下ったり、抱っこしてくるくるまわったりして乗り物のかわりに遊んであげるのだ。そして、帰り道で彼女に鯛焼き（韓国では『붕어빵（プンオパン）』という）を買ってあげ、いっしょに食べる。

　もちろん、ダイアログのようなことは一般的な話ではないが、女の子に気に入られるため努力を惜しまないのは共通している。『女の子を楽しませるのが嬉しい』という感覚を韓国の中高生は持っている。サービスしている間も、

オッテ　ジョルゴッチ
어때?　즐겁지?
どう？楽しいでしょ？

と確認することを忘れない。積極的な男の子だと、

ネガ　ウォンハヌンゴミョン　モドンジハルスイッソ
네가 원하는거면　뭐든지할수있어
君の希望を何でもかなえてあげるよ

なんてことも口に出したりする。

●ＰＣバンはお金がかからない

　また、最近はお金がかからないデートスポットとして『ＰＣバン』に人気がある。ＰＣバンのＰＣはコンピュータのことで、ＰＣバンはコンピュータを使っていろいろ楽しめる場所のこと。最新鋭のパソコンが置いてあり、コンピュータゲーム、インターネット、チャットなどが楽しめる。日本のインターネットカフェだと

騒いだら怒られるが、韓国のＰＣバンは話をしているくらいならなんの問題もない。

　ＰＣバンの料金はショップや時間帯にもよるが、昼間だと１人１時間1,000ウォンですむ。２人でも4,000ウォンあれば２時間は楽しめるので中学生のデートスポットとして人気がある。だから、

<small>ピーシーバン　アンガルレ</small>
PC방 안갈래?
ＰＣバンに行かない？

と女の子をＰＣバンに誘う男の子も多い。女の子の方もＰＣバンへなら気軽に行けるので、男の子にとっては好都合なのだ。

●仲良いふたりは針と糸

　中高生どうしは、互いを名前で呼び合うのがふつう。名前に『ア』をつけて呼ぶ。たとえば、男のスヨン（秀英）だったら「スヨンア」、女のスンヨン（順英）だったら「スンヨンア」と呼ぶ。親族や親友だと、最後の１文字にアをつけて「ヨンア」と呼ぶこともある。

　日本では木村昌子さんなら「木村さん」「昌子さん」「昌ちゃん」「マーチャン」というように互いの関係によって呼び方がかわるが、韓国ではただの友だちでも恋人でも呼び方は１つしかなく、互いの名前を呼んでも恋人という感じがしない。

　そのため、カップルのばあいは、ふんいきを盛り上げるために、まったく別の呼び名で呼び合うことがある。たとえば、男の子が

<small>オイ　シル　ヨギワ</small>
어이, 실! 여기와
オイ、『糸』！こっちこいよ！

と言えば、女の子は、

<ruby>왜<rt>ウェ</rt></ruby>, <ruby>바늘<rt>パヌル</rt></ruby>. <ruby>아저씨처럼<rt>アジョシチョロン</rt></ruby> <ruby>좀<rt>ジョム</rt></ruby> <ruby>부러지마<rt>プロジマ</rt></ruby>
なに、『針』。おじさんみたいに呼ばないで

と答え、互いの恋愛関係を楽しむことがよくある。
　なんと呼び合うかはケースバイケースで、針と糸のほかには、王子と姫、ロミオとジュリエットなどがある。

ういういしいビデオバン
순진한 비디오방

DIALOGUE

男の子：미성년자 관람불가야 눈감아
ミソンニョンジャ　カンランブルガヤ　ヌンガモ
未成年者は観覧不可だから目をつぶって

女の子：손치워, 나 볼거야
ソンチウォ　ナボルコヤ
手が邪魔、見たいんだもの

（女の子が男の子の目を覆う）

男の子：난 미성년자 아닌데
ナン　ミソンニョンジャ　アニンデ
ボクは未成年じゃないから

女の子：똑같은 나인데 어떻게 아냐
トッカットン　ナインデ　オトケ　アニャ
同じ歳なのになんで

男の子：그래도 넌안돼
グレド　ヌナンデ
それでもキミはダメ

女の子：아빠같은 말 할래
アパガットン　マル　ハルレ
お父さんみたいなこと言わないで

●ビデオバンでの迫り方にはいろいろある

　ビデオバンというのは、韓国版個室ビデオのことで、街のあちこちにある。レンタルビデオ店に個室がついたようなもので、ビデオバンは日本の個室ビデオと違い、カップルや友だちどうしで映画やドラマのビデオを見るところ。お菓子を食べたりジュースを飲んだり、ときにはおしゃべりしながら楽しくビデオ鑑賞する。

　料金はビデオ１本見て１人3,000ウォン程度。棚からビデオを選んでカウンターに持っていき料金を支払う。すると店員が部屋へ案内してくれビデオをセットしてくれる。ビデオ版にはポルノビデオもあるが、操作を店員が行うため、未成年は成人用のビデオを見ることはできない。

　デートでビデオバンを使うときは、見たかったのに見逃してしまった映画を彼女にすすめてデートに誘うことが多い。

<small>シュリ　ドロワッタヌンデ　ボロガルレ</small>
男の子：쉬리 들어왔다는데 보러갈래?
「シュリ」入ったって、見に行く？

<small>ウン　ナド　ボゴシップンヌンデ　ジャルデッタ</small>
女の子：응, 나도 보고싶었는데 잘됐다
ウン、私も見たかったからよかった

　ビデオバンに行く前にこういう会話をするのが定番。事前にビデオバンに電話をかけ、新入荷のビデオ情報を聞いてから行くのがふつうだ。ビデオを選んだらビデオバンのスタッフがビデオをつけてくれるまで待っている。

　ビデオが始まれば、そこは密室。誰はばかることなく話をすることができる。中高生は基本的に健全なつきあいをしているので、

2人で個室にいるといっても手を握りあったりする程度だ。ふつうはジュースでも飲みながら映画のビデオを見て楽しむ。

モウ　マシルレ
男の子：뭐 마실래?
なにか飲む？

ウン　オレンジジュース
女の子：응, 오렌지 쥬스
ウン、オレンジジュース

　ふつうの映画でもエロチックな場面はあるもの。ふたりで見ているとき、そんなシーンに対する反応は人それぞれ。ダイアログのようにいちゃついてごまかしてしまうこともあれば、自然に盛り上がってキスしてしまうこともある。

ビディオワ　トカチ　キスハルカ
비디오와 똑같이 키스할까?
ビデオと同じようにキスしようか？

　また、女の子から積極的に愛を迫ることもある。

ビディオチョロム　ジョアヘ　ラゴマルヘバ
비디오 처럼 좋아해 라고 말해봐
ビデオのように「好き」と言って！

　しかし、ふつうは男の子が迫っても

マンジジマ　ジングロウォ
만지지마! 징그러워
私の体に触らないで！いやらしい

と拒絶されることがほとんどだ。

奴隷ミーティンに参加する
노예미팅에 참가하다

DIALOGUE

男の子: 꽤 큰데, 키가 몇이야?
_{ケ クンデ キガミョッチヤ}
けっこう高いね。背はどのぐらい？

女の子: 65 센치
_{ユクシブオセンチ}
65センチよ

男の子: 저기 괜찮은 레스토랑이 있는데 어때?
_{ジョウギ ケンチャヌン レストランイ イッヌンデ オッテ}
そこにけっこう良いレストランがあるけど、どう？

女の子: 너 한달에 용돈 얼마쯤 되니?
_{ノ ハンダレ ヨントン オルマツム デニ}
1カ月のお小遣いはいくら？

男の子: 대충 받아 왜 걱정돼?
_{デチュン バダ ウェ コッチョンデ}
ほしいだけもらう。なんで心配になるわけ？

女の子: 아니, 그게아니고
_{アニ クケアニゴ}
いや、別に

男の子: 아니면 딴데 가고싶은데있어?
_{アニミョン タンデ ガゴシップンデイッソ}
ほかのところでも行きたい？

女の子: 나 오늘 영화보고 싶었는데
_{ナ オヌル ヨンファボゴ シップンヌンデ}
私、今日映画が見たいんだけど

027

●ミーティンとはなにか？

『ミーティン(미팅)』というのは、いわゆる合コンのこと。英語のミーティングから来ている。韓国人はこの合コンが大好きで、子どもからお年寄りまであらゆる年齢層でミーティンが行われている。基本的にアルコールを出す店ではミーティンをしないので、この点が日本の合コンとは異なる。

どうしてこんなにミーティンをするかというと、韓国ではまだ『男女は席を同じゅうせず』という儒教的影響が強く、なにかの機会をつくらないと、男女が気軽に話をすることができないから。

高校生の男女もふだんは男女別々の場所で学んでいるから、ミーティンをセッティングしないと、男女が親しく話をする機会がもてない。

数名のグループで喫茶店などに入っていろいろとお話しするのが典型的なパターン。ひとしきり話して、そのまま別れてしまうこともあれば、電話番号を教えあって交際が始まることもある。盛り上がってみんなで酒場に繰り出すことも多い。

男の子：자 이거 내-휴대폰번호야, 너 휴대폰있니？
（ジャ イゴ ネーヒュデポンボノヤ ノ ヒュデポンインニ）
じゃ、これ私の携帯番号、君、携帯持っている？

女の子：응, 내번호도 가르쳐줄께
（ウン ネーボノホド ガルチョジュルケ）
ウン、私の番号も教えてあげる

こんな会話ができればミーティンは大成功だが、ミーティンの成功率はかなり低いのが現状で、若者のミーティンのばあいは、真剣に恋人を捜すというよりも、ゲーム的な要素が強い。

●奴隷ミーティンとはなにか？

　相手のことが気に入らないとつきあわないのが基本だが、最近は相手の男の子が話がうまくてお金を持ってさえすればつきあうという女の子も増えてきた。いくら格好が悪くても財布が膨らんでさえいればＯＫということだ。

　ダイアログで「そこにけっこう良いレストランがあるけど、どう？」という男の子の問いに、「１カ月のお小遣いはいくら？」という見当違いな質問をしているのも、つき合う目的が相手の財布の中身にあるからだ。「ほしいだけもらう」という返事を確認できれば、女の子としてはもう安心。あとはいろんなところでおごってもらうだけだ。

　このような金蔓を見つけるためのミーティンを『奴隷（ノイェ）ミーティン／노예미팅』と呼ぶ。お金のために奴隷のように彼女になるため、蔑視の意味を込めてこのように呼ばれる。

　奴隷ミーティンには金持ちのボンボンとイケイケギャルが集まるのが定番で、ふつうのミーティンとは逆で、男の方が女性を選ぶことが多い。女の子はおいしい食事や楽しいディスコがかかっているので、いろいろ男の気をひこうとする。

　無事にカップルになっても、男の子が女の子をそれほど気に入ってないと、レストランには入らず、ファストフード店や屋台に行って『トッポキ（떡볶기）』（韓国の若者がおやつがわりによく食べる激辛モチ）を食べるだけでデートが終わってしまう。気に入った女の子がいないと男ははっきりと口に出してこう言う。

オヌルン　イブンエガ　オッヌンデ
오늘은 이쁜애가 없는데
今日はきれいな女の子がいないなぁ

女の子たちは男たちを逐一チェックして

ジョエドル　ドン　イッソボイヌンデ
저애들 돈 있어보이는데
あの子たちがお金もってそうよ

などと噂しあう。そして、気に入った男の子たちが見つかれば誘いをかける。

ジョンブダカッチ　ナイトゥクロッ　アンガルレ
전부다같이 나이트클럽 안갈래?
これからみんなでディスコに行かない？

しかし、男側で気に入らないと、

ジョギガソ　キンパプイナ　モッコガジャ
저기가서 김밥이나 먹고가자
あそこに行ってキンパプ食べて帰ろうよ

と言ってさっさと別れようとする。逆に魅力的な女の子がいれば、

ゼ　モム　イプンデ
제 몸 이쁜데
あの子、体きれいだね

と男どうしで言いあう。ちなみに、『体きれいだ』はスタイルが良いという意味。

コーラテックは中高生のディスコ
콜라텍은 중고생전용의 디스코

DIALOGUE

オパ　ノムジャル　センキョッタ．ノム　モッシッソ
女の子：오빠 너무 잘생겼다. 너무 멋있어
オパ、カッコいいね。とても素敵！

ダードルグルッケ　エィギハデ
男の子：다들 그렇게 얘기하데
みんながそう言うけど

アカボニカ　チュム　ジャルチュドンデ　ナド　ジョム　ガルチョジョ
女の子：아까보니까 춤 잘추던데, 나도 좀 가르쳐죠
さっき見たけど踊りもすごい上手、私にも教えて

アニャ　グルッケ　ジャルチュヌン　ピョンドアニンデ
男の子：아냐, 그렇게 잘추는 편도아닌데
いやいや、そんなに上手じゃないけど

ウリ　コルラ　マジョマシゴ　チュンチュジャ
女の子：우리 콜라 마저마시고 춤추자
はやくコーラ飲み終えて踊ろうよ

グレ　ヨジュムナオン　タコンタコンハンチュム　ボヨジュルケ
男の子：그래, 요즘나온 따끈따끈한춤 보여줄께
オーケイ、熱々の超流行りを見せてあげるよ

●コーラテックは中高生専用のディスコ

　最近、韓国で中高生の間ではやっているのが中高生専用のディスコ『コーラテック（콜라텍）』だ。大人たちのディスコを小さくしたようなホールの中央にダンスフロアーがあり、そのまわりにテーブルとイスが並べられている。そのテーブルに座っておしゃべりしたりダンスフロアーで踊ったりして遊ぶ。

　コーラテックは、コーラとディスコテックの造語だが、その名のとおり、お酒などは一切なしでコーラしか飲めない。料金は、コーラが飲み放題で1人3,000ウォン（1円は約10ウォン）。もともとは高校生向けだったのだが、最近は中学生が多くなり、中学生専用のコーラテックも出現している。

　集まる生徒はくわえタバコの茶髪男や派手な服に濃い化粧の女なので、コーラテックは不良学生の巣窟ともいえ、店のまわりでは生活指導の先生が目を光らせている。

●客の入りはオパしだい

　韓国ではお兄さんのことを『オパ（오빠）』というが、ＤＪやカウンターでバイトしている男の子がアイドル歌手のようにカッコいい高校生のオパで、そのため女の子たちがコーラテックに押しかけてくるのだ。つまり、コーラテックの営業は女の子に人気のあるオパをたくさん集められるかどうかにかかっている。

　　　　　　　　　ジョ　ディージェイオパ　ケンチャンチ
女の子1：저 DJ 오빠 괜찮치?
　　　　あのＤＪのオパどう？

　　　　　　　　ウン　ゲンチャヌンデ　ネタイプヌンアニャ
女の子2：응, 괜찮은데 내타입은 아냐
　　　　ウン、まあまあだけど私のタイプじゃないね

女の子たちはこういうふうにおしゃべりしながら踊ったりする。男の子は気に入った女の子を見つけると、すぐにアタックを開始する。

ミョッタンニョン　イヤ　オノ　ハッキョヤ
몇학년 이야? 어느학교야?
何年生？どこの学校？

イルミ　モヤ？
이름이 뭐야?
名前はなんていうの？

●もてるヤツはダンスができる

　女の子にもてるには外見も大切だが、コーラテックでは踊りが上手なのも大切な要素。最近の韓国で若者に人気がある音楽は、テクノやハウスなどのダンス系ミュージック。そんな音楽にあわせて最新のダンスを踊れれば、外見が多少悪くても女の子にモテモテとなる。女の子の方も、自分の彼氏にはダンスのうまい人をと考えている。

　ダイアログのような会話は、コーラテックで頻繁に交わされている。男の子の方は声を掛けられ慣れているので、「オパ、カッコいいね。とても素敵！」と誉められても謙遜もせずに「みんながそう言うけど」と自慢げに答える。「オーケイ、熱々の超流行りをみせてあげるよ」はもてるオパの決め文句。この後、カッコよく踊って見せて、女の子のハートを射止めるわけだ。

●友だちどうしで隠語を楽しむ

　彼らの間では仲間内でしか通じない言葉がよく使われていて、それを理解できることが友だちの証みたいに考えられている。

たとえば、爆弾は韓国語では『ポクタン（폭탄）』というが、ある地域では『女の子が大ハズレ』という意味ももつ。

オゼ　ポクタン　マザッソ
어제 폭탄 맞았어
昨日、爆弾に当たっちゃったよ

爆弾に当たったというのは、全然好きなタイプでない女の子に気に入られてしまったという意味だ。
　また、『イサンハンアイ（이상한아이）』という隠語があるが、これは「見た目は爆弾ではないけど行動や性格に問題があって大ハズレ」という意味をもつ。男の子たちはよく次のように言う。

イサンハン　アイヤ
이상한 아이야
変な女の子

このフレーズは「変な人だ」「おかしい人だ」という意味で、変な女の子につかまってしまって大変だということを表現している。

画像チャットで彼女を捜す
화상채팅으로 여자친구를 찾는다

DIALOGUE

男の子： アンニョン ミョッサル
안녕 몇살?
こんにちは。年はいくつ？

女の子： ナムジャガ モンジョ バルキヌンゲ イェイアニャ
남자가 먼저 밝히는게 예의아냐?
男が先にうちあけるのが常識じゃない

男の子：　　　　　　　　　　　　アーアラッソ
(째그만 한게 따지기는) 아 - 알았어 16
(小さい者が問いつめるな) アーわかった16

女の子：　　　　　　　　　　　ナド ヨルヨソッサリヤ
(어떡하지? 난 14살인데)나도 16살이야
(どうしようかな？私は14歳なのに) 私も16歳

男の子： ノ コーラテック ガボンジョク インニ
너 콜라텍 가본적 있니?
お前コーラテックに行ったことがある？

女の子： ウン ネガ ジャジュガヌン コシ イッヌンデ
응, 내가 자주가는 곳이 있는데
うん、私よく行くところあるけど

男の子： グルン トヨイルナル オッテ
그럼 토요일날 어때?
そうしたら土曜日はどう？

●画像チャットで恋愛ゲームを楽しむ

　インターネット関係のインフラが進んでいる韓国では、高速通信網が発達していて、パソコンに備え付けてあるビデオカメラを通して、相手の顔を見ながらチャットをすることができる。たいていのＰＣバンには画像チャット用のパソコンがあり、これを使えば気軽にパソコンデートができる。

　モニターを通して相手の顔が見えるので、実際に会っているような錯覚がある。また、直接話しているわけではないので、思っていることや言いたいことを相手にストレートに伝えることができ、気分も爽快になる。

ファミョネ　ヌル　ボンスンガン　バネッソ
화면의 너를 본순간 반했어
画面の君を見ただけで好きになったよ

ファミョネ　ヌボダ　シルジェルボミョン　ド　エィプゲッチ
화면의 너보다 실제로보면 더 예쁘겠지
本当の君は画像よりもずっときれいなんだろうね

ダウメ　ト　マンナルスイッスルカ
다음에 또 만날수있을까?
今度、会ってもらえませんか？

　しかし、モニターに写る顔だけを見て判断するわけなので、年や身長などをいつわっている人もたくさんいる。そのため年齢制限を設けているチャットもあるが、身分証明書の照会をするわけではないので、歳をごまかして入ってくる人を防ぐことはできな

い。

チャットバン：중학생만 들어오세요
　　　　　　（ジュンハクセンマン　ドロオセヨ）
中学生のみ、お入りください

チャットバン：17살 이상은 안됩니다
　　　　　　（ヨルイルプサル　イサンウン　アンデンミダ）
17歳以上はダメです

　ダイアログの会話はウソつき会話の典型で、女の子がさばを読んで歳を2歳ごまかしている。相手の男の子としては信用するしかないわけで、会ってはじめて相手が年下だとわかる。

　こういったことがたくさんあるので、画像チャットで相手を見つけてパソコンデートしても、実際に会うケースは少なく、たいていその場かぎりの話で終わってしまうことが多い。

　最近、中高生の間で画像チャットが流行っているが、彼らも真剣に恋人を捜すというよりも、互いにウソをつきあってそれを楽しんでいる。

　なお、韓国で年齢を数えるとき、数えで計算するのが一般的なので注意が必要だ。生まれた時点で1歳で、旧暦の正月を迎えるたびに1歳ずつ歳をとる。だから、韓国人の年齢は、満年齢よりも1歳か2歳上になっている。16歳だと言われれば、その子の満年齢は14歳か15歳の中学3年生だ。

●チャットで使われる俗語

　中高生用のチャットを覗いても、大学生や社会人では内容を理解できないことが多い。というのも、彼らは自分たちにしかわからない俗語や隠語を多用してチャットしているからだ。大人が歳

をごまかして中高生のチャットにアクセスしても、実際には会話が成り立たない。

たとえば、「会えて嬉しいです」は「반갑읍니다（パンガッスムニダ）」だが、中高生は頭の発音だけ用いて「반가（パンガ）」という省略形を使っている。

また、恋人は『애인（エーイン）』（漢字で書くと「愛人」だが、恋人という意味しかない）というが、中高生用チャットでは『앤（エン）』という隠語が使われている。

不良高校生のデート
불량고등학생의 데이트

DIALOGUE

男の子: 어디서 만날래?
<ruby>オディソ マンナルレ</ruby>
どこで会う？

女の子: 커피숍에서 만나지뭐
<ruby>コピショップエソ マンナジモ</ruby>
コーヒーショップで会えば

男の子: 요즘 물좋은 나이트없어?
<ruby>ヨジュン ムルジョウン ナイトゥオプソ</ruby>
このごろ「水が良いナイト」ない？

女の子: 갑자기 물좋은 나이트라니?
<ruby>ガプジャギ ムルジョウン ナイトゥラニ</ruby>
いきなり「水が良いナイト」ってどういうこと？

男の子: 내일 알콜파워로 컨닝 좀 하게
<ruby>ネーイル アルコルパワロ コンニング ジョム ハゲ</ruby>
明日アルコールパワーでカンニングしようかと思って

女の子: 그래도 시험인데 너무심하잖아?
<ruby>グレド シホミンデ ノムシンハジャナ</ruby>
一応試験なのに酷いじゃない？

男の子: 어차피 포기했는걸 뭐
<ruby>オチャピ ポギヘンヌンゴル モ</ruby>
どうせガキだから

●不良高校生のデート

 韓国でも不良高校生といえば酒とタバコがつきもの。見た感じも日本とだいたい同じだ。ナルナルリ（P14参照）も一種の不良高校生といえる。

 不良高校生どうしのデート場所は、カラオケやナイトクラブが定番。そこでタバコを吸って酒を飲む。話題の中心は、最近流行のファッションやおもしろいナイトクラブなど。

 ダイアログは不良高校生カップルの電話での会話。「水が良いナイト」というのは、きれいな女の子がいるナイトクラブという意味で、彼女がいるのに、その本人に向かって別の女の子の話をしているわけだ。だから、女の子は「いきなり水が良いナイトってどういうこと？」と怒ってしまう。ふつうならここで謝るのだが、不良高校生は、ナイトクラブで酒を飲んでその力でカンニングすると言い出し、さらに彼女を怒らせてしまう。挙げ句の果てには「どうせガキだから」と居直ってしまっている。

●同じカンニングでも待遇はまったく違う

 カンニングは韓国でもちょくちょくある。ただし、見つかったときの待遇は日頃の生活態度で大きく異なる。

 模範生徒がより良い成績をおさめるために参考書を盗み見してカンニングしてしまうことがままあるが、このばあいは見つかっても厳重注意されるくらいすんでしまう。

 その一方で、不良高校生のカンニングがバレてしまったときは大変だ。『5、6月に犬を殴る（오뉴월 개패듯이 패다／オニュウォル　ゲペドゥシ　ペダ）』ように殴られてしまう。

 旧暦の5、6月は太陽暦でいう7月のもっとも暑い時期だが、韓国にはこの季節に夏バテ予防に犬のスープを食べる習慣があり、

犬を殴り殺して鍋にする。そこから死ぬほど殴ることを『5、6月に犬を殴る』というようになった。あまりにも不公平な気もするが、日頃言うことをきかない不良高校生は先生に憎まれているので、こういうときには思いきりしっぺ返しをくってしまう。

●不良高校生はすすんでいる

　一般的に高校生カップルの交際といえば手を握るくらいで、キス以上の関係になることは少ない。でも、男女のどちらかが不良高校生だと、会話の内容も不良っぽくなる。

　男の子といつもいっしょにいたいと考えている女の子がナイトクラブに行って家には帰りたくないなどというと男の子は、

チベ　ドロガヤジー
집에 들어가야지 -
家に入らないのはダメだよ

と言って諫める。それに対して女の子は素直に

グルジモ
그러지뭐
そうする

と答えて彼の言うことに従うことが多い。男の子の方も彼女とずっといっしょにいたいときは、

モハゴ　ノルジ　マンファバンイナ　ガルレ
뭐하고 놀지 만화방이나　갈래?
なにをして時間つぶそうかな、マンガでも見に行こうか？

などと言って、家に帰ろうとはしない。
　また、彼女にいろいろ積極的にせまることもある。

<small>キスジョンドヌン　ゲンチャンチ</small>
키스정도는 괜찮치?
キスくらいしてもいいだろう？

<small>ガスンマンジョド　デ</small>
가슴만져도　돼？
胸さわってもいい？

などと彼女に言い寄ったりするが、

<small>ネモンバッケ　クァンシン　オップチ</small>
내몸밖에 관심 없지
私の体にしか興味がないのね

と怒られてしまうか、

<small>オヌルン　ロメンティッカゲ　ジネジャ</small>
오늘은 로만틱하게　지내자
今日はロマンチックに過ごしましょう

と婉曲的に断られてしまう。男が本能のおもむくままに行動し、女がそれをセーブしようとする。このパターンが韓国の高校生カップルでは多い。

ノレバンで愛を確かめる
노래방에서 사랑을 확인한다

DIALOGUE

女の子: ナ ノレ ジャル モップルヌンデ
나 노래 잘 못부르는데
私、歌下手だけどいいかなぁ？

男の子: ナド ジャル ブルヌンピョン アニャ
나도 잘 부르는편 아냐
ボクも上手じゃないから大丈夫だよ

女の子: ノ イノレ アニ
너 이노래 아니?
もしかして、この歌知ってる？

男の子: ウン ナド イノレ ジョアハヌンデ ガチブルルカ
응, 나도 이노래 좋아하는데 같이부를까?
うん、ボクもこの歌好きだけどいっしょに歌おうか？

女の子: ウン ゴマウォ ジャル ブルルス イッソミョン ジョケッヌンデ
응, 고마워 잘 부를수 있으면 좋겠는데
ウン、ありがとう。うまく歌えるといいな

● **アルコールなしはノレバン**

　韓国のカラオケには『ダンランジュジョム（단란주점）』と『ノレバン（노래방）』という2種類があり、お酒が飲めるか飲めない

かの違いがある。
　ノレバンはいわゆるカラオケボックスのこと。料金は1人1時間あたり1,000～1,500ウォンといったところだ。
　ノレバンではアルコール類が飲めないので中学生や高校生も出入りできる。社会人のばあいは会社の同僚や友たちどうしでお酒を飲んだあとに行くことがほとんどだ。友だちどうしで集まったときに暇つぶしにノレバンに行くこともよくある。
　一方、ダンランジュジョムは酒が飲めるカラオケ屋を指す。ふつうはホステスを呼ぶことができ、彼女たちといっしょに飲んで歌う、日本のスナックのような場所だ。ホステスは派遣なので、カラオケが終わってからもチップさえはずめばそのまま別の場所についてくる。

●ノレバンでデート

　ふたりで初めて行くノレバン。なんとなくぎごちないふんいきで歌い始めた2人でも、歌っているうちにお互い歌の好みや性格がわかるようになる。そして、1時間あとには互いにうち解けて、次のデートからは気楽に誘いあうことができるようになる。
　ダイアログのカップルもつきあい始めたばかりの高校生カップルだ。個室で2人きりになり、互いにちょっと緊張している。
　カラオケでデートというのは中高生ではよくあるパターンで、以下のような会話がよく交わされている。

ネイル　シホンド　クッナヌンデ　ノレバンイナガルカ
내일 시험도 끝나는데 노래방이나갈까?
明日試験も終わるし、ノレバンでも行こうか？

ウン　チングハンテ　ドルッヌンデ　シンゴッ　マニナワイッテ
응, 친구한테 들었는데 신곡 많이나와있데
ウン、友だちから聞いたけど新しい曲がいっぱい入ってるって

　また、彼氏に会ったときにちゃんと歌えるように、女の子どうしで歌の練習に行くこともよくある。なかにはまわりの友だちから歌が上手だと言われてカラオケに入れこんでしまい、デートは

いつもノレバンなんていう人もいる。
　はじめてのノレバンデートだと男の子が

ノ　　シッパルボンモニ　エィギヘバ
너 18번뭐니 ? 얘기해봐
君の 18 番はなに？教えてよ

と聞くことがよくある。こう言われて恥ずかしい女の子は、謙遜して言う。

グルゴボニ　　コクジボ　シップパルボニラゴ　ハルマンハンゲ　オンネ
그러고보니 꼭집어 18번이라고 할만한게 없네
そういえば、これだという 18 番はないわね

そうすると男の子は、

グルン　オヌル　ハナマンドルミョン　オテ
그럼 오늘 하나만들면 어때?
じゃぁ今日ひとつつくったら？

と言って 2 人で歌いやすいふんいきをつくり出して、その場を盛り上げようとする。

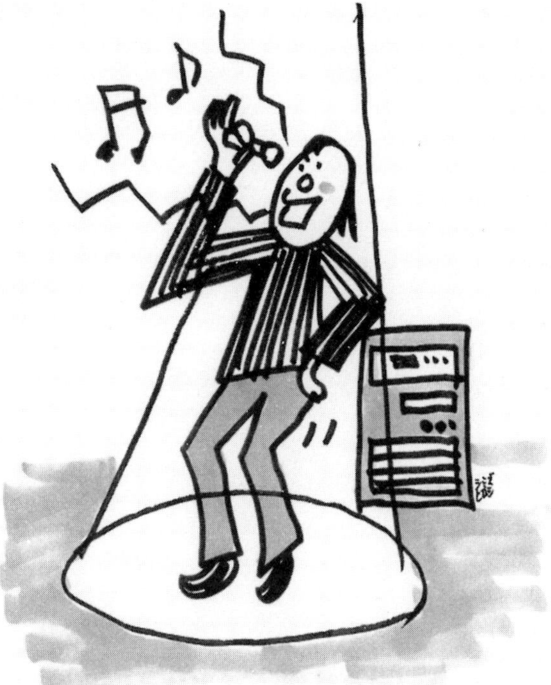

大学生編

大学の合否が縁の切れ目
대학이 여자친구와 헤어지는날

DIALOGUE

_{ネガウォナヌン　デハゲ　ドゥルガギバランダ}
男：네가원하는 대학에 들어가기바란다
　　きみが望んでいる大学に入られるように

　　　　　　　　　　　　　_{ナ　ギダリョジュルコヤ}
女：(울면서 매달린다) 나 기다려줄꺼야?
　　(泣きながらすがる)私のこと待っててくれる？

_{ミアンヘ　グゴン　ナドジャンダンモタゲッソ}
男：미안해, 그건 나도장담못하겠어
　　ごめん、それはボクも言い切れない

_{ハッキョセンファル　チュンシリ　ハギバレ　ヨジャチングド　サギゴ}
女：학교생활 충실히 하기바래, 여자친구도 사귀고
　　学校の生活忠実にしてね、女の友だちもつくってね

_{ダシハンボン　ドジョンヘバ、ナド　ゲロッタンマリヤ}
男：다시한번 도전해봐, 나도 괴롭단말야
　　改めて挑戦してみて。ボクもつらいんだよ

　　　　　_{ナ　ジャシンオプソ}
女：나, 자신없어
　　私自信ないもん

●浪人生は恋愛に走る

　ダイアログは浪人生どうしの会話。彼氏の方だけ大学に受かってしまい、2人の心が揺れている。女性は彼と別れたくないが、彼

はこれから大学生として新しい生活を始めるし、自分はまた1年間浪人生活をしなければならないので、2人の関係を維持していくのは難しいとこのカップルは考えている。

「私のこと待っててくれる？」という女性の問いに、男性は「ごめん、それはボクも言い切れない」と正直に答えている。それで仕方がないので女性は「学校の生活忠実にしてね、女の友だちもつくってね」と別れる決意をするが、最後には「私自信ないもん」と言って弱音を吐いている。

たくさんの大学を受験できない韓国では浪人する人がとても多い。もちろん勉強は一生懸命しなければならないのだが、気分だけはもう大学生になっている。大学に入った友だちに誘われて合コンに参加したりして、デートする時間もたっぷりあるので、高校生のときよりも恋人をつくりやすい。

とくに浪人生どうしだと、2人で協力しあって大学をめざすので連帯感も生まれ、けっこううまくいくケースが多い。

しかし、2人とも合格すればいいが、片方だけ合格したり、合格した大学がソウルとプサンといったように離れていると、別れが待っていることになる。

ナ　ギダリョ　ジュルコジ
나 기다려 줄꺼지
ボクのことを待っていてくれ！

と言って、

テハットゥルガソ　ギダリルケ
대학들어가서 기다릴께
先に大学校に入って待っているわ

ノ　ギダリゴ　イッスルケ
너 기다리고 있을께
あなたのことずっと待ってるわ

と彼女に言われればいいが、

ミアンヘ　イルニョンイナ　オトケ　ギダリョ
미안해. 1년이나 어떻게 기다려
ごめんなさい。1年も待てないわ

と言われたら、男性はショックでしばらくは勉強に手がつかない。女性のばあいも同様で、彼氏から以下のようなことを告げられたらショックが大きい。

ギダリジマ、ジョウンサランマンナギバレ
기다리지마, 좋은사람만나기바래
待たないでよ。いい人に出会えるように願ってるよ

ネガ　ナッテムネ　プレンヘジヌンゴ　ブダンソロウォ
네가 나때문에 불행해지는거 부담스러워
君がボクのために不幸になるのは重荷になるもの

ナマルゴ　セロウン　サランサギョ
나말고 새로운 사람사귀어
ボクではなく、新しい恋人を捜してよ

●男は未練たらしい

　出会いがあれば別れがつきもので、それは男女でも同じ。
　韓国の女性は別れに対して比較的さっぱりしている。つき合っているときは彼氏に愛情を注ぎ別れのときは大いに悲しむが、いったん別れてしまったら前の彼氏に未練はなく、新しい愛に全

力投球する。要するに女性は相手にすべてを捧げるが、別れるときにはそれを全部新しい相手のところに持っていくことができる。

しかし、男性はどんな別れ方をしても未練が残ってしまい、何年たっても別れた彼女のことを思い出す。そこで、『男は永遠に初恋を忘れられない(남자는 영원히 첫사랑을 못잊는다／ナンジャヌン　ヨンウォンヒ　チョッサランオル　イッチモッタンダ)』という言葉が生まれた。別れた女性をなかなか忘れることができず次の恋愛に積極的になれない男性が韓国には意外に多いのだ。

大学生のミーティンは真剣
대학생의 미팅은 진지

DIALOGUE

<small>ジョンゴンイ　モエヨ?</small>
男：전공이 뭐예요?
専攻はなんですか？

<small>キョンヨンハクァ　エィヨ</small>
女：경영학과 예요
経営学部です

<small>グルン　ケサヌン　ジャルハシゲンネヨ</small>
男：그럼 계산은 잘하시겠네요
そうしたら計算は問題ないですね

<small>ジョンゴンイ　ギョンヨンイ　アニドラド　ケサニヤハジョ</small>
女：전공이 경영이 아니더라도 계산이야 하죠
専攻が経営じゃなくても計算はできますよ

<small>テハクジョルッパゴ　モハシル　クンデヨ</small>
男：대학졸업하고 뭐하실 건데요
大学卒業して何がやりたいですか？

<small>ジョン　オリルテブト　ヒョンモヤンチョガ　デヌンゲ　クミヨッオヨ</small>
女：전 어릴때부터 현모양처가 되는게 꿈이었어요
私は小さいときから良妻賢母になるのが夢だったんです

<small>ヨジュンド　ヒョンモヤンチョガ　デゴシップシンブンイ　ケセヨ</small>
男：요즘도 현모양처가 되고싶으신분이 계세요?
今時、良妻賢母になりたい人がいるんですか？

<small>ウェオップソヨ、ヨギイッジャンアヨ</small>
女：왜없어요, 여기있잖아요
なんで、ここにいるんじゃないですか？

●大学生のミーティン

　日本語でいうと合コンに当たるミーティンは、大学生の日常生活に組み込まれていて頻繁にセッティングされる。大学生のばあい、男女数名ずつで喫茶店でお話しするというのが一般的なパターン。

　ダイアログのような会話がよく交わされている。はじめて会うわけだから、まず名前、大学、専攻、学年、出身地などを聞き、そのあとに趣味や興味あることについて話す。以下のような質問は男女どちらからも出る。

ツィミヌン　モエィヨ
취미는 뭐예요
趣味はなんですか？

オノデハゲ　ダニョヨ
어느대학에 다니요?
どこの大学に通っているのですか？

オットンタイプル　ジョアハセヨ
어떤타입을 좋아하세요?
どんなタイプの人が好きですか？

ガジョゴン　ミョッミョンイセヨ
가족은 몇명이세요?
家族は何人いるんですか？

ジャンナンイセヨ
장남이세요?
あなたは長男ですか？

ジャギチャ　イッソヨ
자기차 있어요?
自分の車は持っているの？

ヒョレキョン　ムソンヒョンイセヨ
혈액형　무슨형이세요
あなたの血液型を教えてください

　大学生といっても、韓国では結婚のことを多少は考えているので、質問も将来のことに及ぶことはよくある。ダイアログで男性が「大学卒業して何がやりたいですか？」と聞いているのは、その典型的なパターン。

　専攻を尋ねられた女子学生が「経営学部です」と答えると、男子学生すかさず「そうしたら計算は問題ないですね」と反応しているのは軽い冗談だ。しかし、まじめな彼女は「専攻が経営じゃなくても計算はできますよ」とちょっと怒ってしまう。男性のジョークが通じなかったわけだ。

　合コン形式のミーティンのほかに『紹介ティン』という１対１で会うミーティンもある。これは先輩や友だちに紹介してもらって、喫茶店などで話をする。気が合えば食事や映画に行くし、気に入らなければお茶だけで別れる。次のような会話が交わせれば、デートできる可能性が高い。

<ruby>男<rt>オットンヨンファル ジョアハシムニカ</rt></ruby>
男：어떤영화를 좋아하십니까?
どんな映画が好きですか？

<ruby>女<rt>ハリウドゥシッ ヨンハボダヌン フランスヨンファルル ジョアハヌンピョンイエィヨ</rt></ruby>
女：헐리우드식 영화보다는 프랑스 영화를 좋아하는 편이예요
ハリウッド映画よりはフランス映画を好みますが

<ruby>男<rt>ジョラン チゥィヒャンイ ビスッタネヨ</rt></ruby>
男：저랑 취향이 비슷하네요
私と好みが似てますね

　頻繁に行われるミーティンだが、これでカップルが出来上がって結婚に至るケースは少ない。どちらかというと仲の良い異性の友だちをつくるといった感じで、結婚相手は社会人になってから捜すというふんいきが強い。

●良妻賢母はもううけない

　ダイアログで、将来の仕事を聞かれた女子学生が「私は小さいときから良妻賢母になるのが夢だったんです」と答えている。

　このフレーズは以前だったら完全な殺し文句で、男性はこういう考えを持っている女性と交際しようとした。しかし、最近の男子学生はだいぶ考え方が変わってきていて、豊かな生活をするためには妻にも働いてもらっていっしょに頑張って生活したいと思っている男性が増えている。韓国でも日本と同様に、家賃や教育費にかなりのお金がかかり、ふつうのサラリーマンだと夫だけの収入だけでは平均的な生活水準を維持していくことが難しい。とくにソウルやプサンなどの大都市はそうだ。

　また、高学歴の男性は、女性にも自分の考えを持っていてほしいと考えている人も多く、専業主婦希望の女性ではなく、仕事を精力的にする女性にひかれる。

恋は動いているもの
사랑은 움직이는 거야

DIALOGUE

デチェ　ヌグヤ　バルンデロ　マルヘ
男：대체 누구야? 바른데로 말해
いったい誰だ？正直に言え

アラソ　モヘ　ネガネコヤ
女：알아서 뭐해, 내가 네꺼야?
わかったらどうするつもり？私はあなたのものなの？

モラゴ　ダシハンボン　マレバ
男：뭐라고? 다시한번 말해봐
何だって？もう一度言ってみろ

ネガ　ネクラド　デニャゴ
女：내가 네꺼라도 되냐고?
私はあなたのものなの？

ジグン　クグル　マリラゴ　ハヌンゴヤ
男：지금 그걸 말이라고 하는 거야
今、話が成り立っていると思う！

サランオン　ウンジギヌン　ゴヤ
女：사랑은 움직이는 거야
恋は動いているもの

●今風なのは女性

　最近、『恋は動いているもの』という言葉がはやっていて、テレビコマーシャルでも使われた。恋は流動的だという意味で、近頃の若者の恋愛事情を端的に表現している。

　もともと韓国人は一度恋人関係になるとなかなか別れなかったが、最近はそうでもなく、とくに大学生時代はくっついたり別れたりを繰り返す。三角関係(삼각관계／サンガファンゲ）ももちろんあり、悲喜こもごもの愛憎劇が生まれる。

　ダイアログでは、彼女が別の男と親しげにしているのを目撃した男が怒っている。彼女は今風の考えをもつ女性で、いくら彼氏だといっても拘束されたくはないと考えている。だから、「私はあなたのものなの？」という問いが出てくる。

　この答えに対して「今、話が成り立っていると思う！」と言っているが、これは直訳で、意訳すると「ふざけるな！」になる。こう言われてしまった女性は、馬鹿馬鹿しく思って「恋は動いているもの」と捨てぜりふを吐いている。

　女性がつき合っている男性と別れたいと思ったとき、新しい彼氏と会っているところをわざと見せるケースもある。もちろんケンカになり、

ヌガチ　ブコロウムル　モロヌン　ヨジャヌン　チョウンバッタ
너같이 부끄러움을 모르는 여자는 처음봤다
おまえみたいな恥知らずな女ははじめてだ！

ゴナンジャラン　ナ　オノチョギヤ
그남자랑 나　어느쪽이야
この男とオレとどっちをとるんだ！

と罵倒されたりするが、はっきりと別れることができるので、このパターンを使う女性はけっこう多い。そして、女性から別れ話を切り出し、次のようなことを言う。

ナマリャ　ノマルゴ　ジョワハヌン　サラン　センギョッソ
나말야, 너말고 좋아하는 사람 생겼어
私、ほかに好きな人ができたの

ネタシ　アニャ　ネガ　ナパッソ
네탓이 아냐. 내가 나빴어
あなたのせいじゃない。私が悪いの

ネゲ　サンチョジュゴ　シプチアナソ　ゴジンマルヘッソ
네게 상처주고 싶지않아서 거짓말했어
あなたを傷つけたくなかったからウソをついたの

アプロド　ジョウンチングロ　ナムギルバレ
앞으로도 좋은친구로 남길바래
これからも仲の良い友だちでいましょうね

徴兵は恋愛最大の障壁
군대는 연애최대의 장벽

DIALOGUE

ノ　モリカックニカ　ノムエプダ
女：너 머리깍어니까 너무예쁘다
あなたの坊主姿、かわいい

ノルリジマ　ブコロウニカ
男：놀리지마, 부끄러우니까
ひやかさないでよ、はずかしいのに

ジョンマリヤ　ノムキヨウォ
女：정말이야, 너무귀여워
ほんとよ、とてもかわいいんだから

ゼデハルテカジ　キダリョジュルレ
男：제대할때까지 기다려줄래?
除隊するまで待っていてくれる？

ダングンイジ　ギダリジ　マルレド　ギダリョ
女：당근이지,기다리지 말래도 기다려
当たり前でしょう。待たないでと言われても待ってるわ

ヨッシ　ノバッケオッソ
男：역시 너밖에없어
やっぱり、君しかいないよ

ゴゴル イゼ　アルアッソ　ネガ　ヌル　オルマナ　ジョアハヌンデ
女：그걸 이제 알았어? 내가 널 얼마나 좋아하는데
いまわかったの？本当にあなたのこと好きよ

●韓国には徴兵制度がある

　韓国は国が分断されていて常に戦争状態にあるため、徴兵制度が現在でもある。20歳以上の健康な成人男子は全員２年半の兵役につく義務がある。大学生のばあいには、在学中の１年生か２年生のときに大学を休学して軍隊に行く人が多い。

　入隊中には休暇が何度かあるが、恋人と頻繁に会うことはもちろん、電話すら自由にかけることができない。

　以前は除隊するまで待っていてくれた女性も多かったが、最近は彼氏が軍隊に入ってしまうとあっさりと別れてしまう。

　ダイアログのように入隊のときには「待たないでと言われても待ってるわ」と言っていても、除隊したときに浮気もせずに待っていてくれる女性はとても少ないのが現状。

　したがって、慎重な男子学生は、兵役を終えるまでは真剣な交際をしない。もちろん女の子とデートしたりはするが、なるべく深くつきあわないようにする。結婚したい女性ができても、入隊中に振られてしまう可能性が高いからだ。

　しかし、情熱的な男性は、

バランピジマルゴ　キダリョヤデ
바람피지말고 기다려야돼!
浮気せずに待っているんだぞ！

ヒュガナオミョン　コッ　マンナロ　オルテニカ
휴가나오면 꼭 만나러 올테니까
休暇には必ず会いに来るから

ノ　コムシン　パッコシンンキマン　シノバ　ガマンアンナド
너 고무신 바꿔신기만 신어봐,가만 안놔둬
コムシンを履き替えたらただではすまないぞ！

と言って待っていてくれることを願う。「コムシンを履き替えたらただではすまないぞ」は決まり文句で、「ほかの男に乗り換えたら許さないぞ」という意味をもつ。コムシンは韓国に昔からあるゴム靴のこと。

ミョンフェオルコジ
면회올꺼지?
面会に来てくれるだろう？

と言うことも忘れない。しかし、

ホンジャサヌンゴ　ノムウェロウォ
혼자사는거 너무왜로워
ひとり暮らしは寂しいわ

と言われてしまうと不安になる。

ヒュウガオド　ナオルコンデ　モハロガ
휴가얻어 나올건데 뭐하러가?
休暇もらって出て来るのになんでわざわざ行くの？

女性がこう言うことも多いが、これは入隊する彼氏をちょっとからかってやろうというイタズラ心で言うもので、本心は「休暇になったら会いに行くわ」という意味だ。

　また、やさしい男性は

ミーティンドハゴ　ジョウンナンジャイッソミョン　ガ
미팅도하고, 좋은 남자 있으면 가
ミーティンも出たり、いい男がいたら行っていいから

と言って、彼女をフリーにしてあげようとする。しかし、心の中では除隊するまで待っていてほしいと願っている。これに対して彼女が

<small>グルケ　マラネド　グルルジャチョンイヤ</small>
그렇게 말안해도　그럴작정이야
そんなに言ってくれなくてもそうつもりでいるんだから

と笑いながら答えることがあるが、これも彼氏をちょっと不安にさせてやろうとする冗談で、「そんなこと言わなくてもちゃんと待っているわ」という意味だ。

ぬいぐるみは愛の証
곰인형은 사랑의 증거

DIALOGUE

<small>イゴミンヒョン　エィブジ</small>
男：이곰인형, 예쁘지?
　このぬいぐるみ、かわいいだろう？

<small>チャンピハゲ　オトッケ　ドゥルゴウァッソ</small>
女：창피하게 어떻게 들고 왔어!
　恥ずかしい。どうやって持って来たの！

<small>イゴ　ドゥルゴオノラゴ　チョッパルリョ　ジュンヌンジュル　アラッソ</small>
男：이거 들고오느라 쪽팔려 죽는줄 알았어
　これ持って来るのに恥ずかしくて死ぬかと思った

<small>グルニカ　モッタロ　ヨギカジ　ドゥルゴワ</small>
女：그러니까 뭣하러 여기까지 들고와
　だから、なんでここまで持ってきたのよ

<small>ナラゴ　センガカゴ　ジャルデリゴ　イッソ</small>
男：(웃으면서) 나라고 생각하고 잘데리고 있어
　（にこりとして）ボクだと思ってよく遊んであげて

<small>モラゴ　ジップカジ　イゴ　オトゥケ　ドゥルゴガ</small>
女：뭐라고? 집까지 이거 어떻게 들고가
　なに？家までどうやって持って行くのよ

<small>ネガ　インヌンデ　モーゴクチョンイヤ</small>
男：내가 있는데 뭐걱정이야!
　ボクがいるのになにが心配なの！

●プレゼントはぬいぐるみ

　20代前半の男性が恋に落ちたとき、女性にプレゼントとしてよくあげるものがぬいぐるみだ。ここでいうぬいぐるみは、抱えきれないほど大きくて持ち運びが大変なもの。それにもかかわらず彼女と待ち合わせしたところに突然ぬいぐるみを持って来たり、夜、彼女の家の前でぬいぐるみを持って待っていたりする。

　ぬいぐるみの大きさは愛情の大きさなのだが、これができるのは若いときだけ。いわば青春の若者たちの純粋な感情の象徴だともいえる。20代後半の男性が昔を懐かしんで彼女にあげるケースもあるが、ふつうは社会人になると恥ずかしくてぬいぐるみをプレゼントすることなどできない。

ぬいぐるみは、恋人にあげるだけでなく、好きになった人にプレゼントすることも多い。ミーティンで気に入った女性ができると、席をはずしてぬいぐるみを買いに行き、速攻でプレゼントすることはよくある。

オモ　イゲ　モエィヨ
어머, 이게 뭐예요?
へー、これはなんですか？

イゴ　ゼ　マウムミンデ　パダジュセヨ
이거 제 마음인데 받아주세요
これ私の誠意です。もらってください

また、次のように積極的に言うことも多い。

イゴ　ナラゴ　センガクハゴ　ギヨウォヘジョ
이거 나라고 생각하고 귀여워해죠
これをボクだと思ってかわいがってよ

イゴミンヒョン　クギマンクミナ　ノル　サランヘ
이곰인형 크기만큼이나 널 사랑해
このぬいぐるみの大きさと同じくらい君が好きなんだ

こういったアプローチに対して女性が、

ノラゴ　センガクガゴ　ソジュンヒガンジックカルケ
너라고 생각하고 소중히간직할께
これをあなただと思って大切にするわ

イゴミンヒョン　ヌハゴ　トカチ　センギョッソ
이곰인형 얼굴, 너하고 똑같이 생겼어
このぬいぐるみの顔、あなたにそっくりね

と言ってくれればしめたものだが、

イロンゴ　ブコロウォソ　オトケバダ
이런거 부끄러워서 어떻게 받아
こんなもの恥ずかしくて受け取れないわ

と言われてしまったら、ひたすらプッシュして受け取ってもらえるよう頑張らなければならない。

　通常、プレゼントするぬいぐるみは２種類に分けられる。ひとつは彼女に似ているかわいいもので、もうひとつは彼に似ているゴリラや熊のぬいぐるみだ。

● 10回押して倒れない木はない

　ダイアログでは、男性がかなりずうずうしくしゃべっているが、韓国ではこのくらい積極的でないと、なかなか女性に認められない。女性を追い回したり女性の家の前で待っているなんて、日本だったらストーカー行為だが、韓国ではりっぱな愛情表現になる。

　韓国の有名なことわざに次のようなものがある。

ヨルポンチゴ　アンノモガヌン　ナムオッタ
열번찍어 안넘어가는 나무없다
10回押して倒れない木はない

これは「押しまくってこちらに振り向かない女性はいない」という意味。韓国では女性のガードがかたいので、男性が積極的にプッシュしないと恋はなかなか成就しない。10回はともかくとしても、交際を断られても４回や５回は再アタックするのが韓国流だ。１回トライしてすぐ諦めていたのでは、韓国ではなかなか彼女をつくることはできない。

かわいいぬいぐるみは彼女のかわり
예쁜곰인형은 그녀대신

DIALOGUE

ヤ ジョガンアジ ノム ギヨッタ ナ アンサジュルレ
男: 야, 저강아지 너무 귀엽다 나 안사줄래?
や!あのワンちゃんかわいすぎる。ボクに買ってくれない?

ジョゴ サソ モハゲ
女: 저거 사서 뭐하게?
買ってどうするの?

メイル ポポヘジュゴ アナジュゴ ヘヤジ
男: 매일 뽀뽀해주고, 안아주고 해야지
毎日キスしたり、抱っこしてあげる

オモ ジンゴロッキヌン
女: 어머! 징그럽기는
まあ、気持ち悪い

ゴクチョンマ ブドロッケ アナジュルテニ
男: 걱정마, 부드럽게 안아줄테니
心配しないで。やさしく抱いてあげるから

クルントゥシ アニジャナ
女: 그런뜻이 아니잖아
そういう意味じゃないのよ

●ぬいぐるみを買ってもらう

　ダイアログのようにデートしているときに、男性が彼女にウサギやイヌのぬいぐるみを買ってくれるよう頼むことがある。それは彼女と似ているかわいいぬいぐるみで、彼女のかわりに家でかわいがろうと考えているのだ。
　繁華街にはぬいぐるみの屋台があちこちに出ていて、デート中にぬいぐるみ屋の前を通ることはよくある。
　男性が「毎日キスしたり、抱っこしてあげる」と言い、それに対して女性が「まあ、気持ち悪い」言っているが、これは本当に気持ち悪いのではなく、嬉しくて照れ隠しでこう言っているのだ。
　このあとの「心配しないで。やさしく抱いてあげるから」という男性の言葉も、相手の気持ちがわかっていてわざとからかっているわけだ。

　　　　　ジョ　ゴミンヒョン　ハナ　サジュルカ
男：저 곰인형 하나 사줄까?
　　あのプーさん買ってあげようか？

　　　　　ネバンエ　ノア　ドゥルテド　オッヌンゴル
女：내방에 놓아 둘데도 없는걸
　　私の部屋に置き場もないから

　　　　　ベゲデシン　ベゴジャミョン　デジャナ
男：베개대신 베고자면 되잖아
　　まくらのかわりにすればいいじゃない

　このようにさりげなくふざけてアピールして、彼女との愛情を深めていく。
　逆に、女性が男性にそれほど興味を持っていないばあいは、男性がいくらしつこく買ってくれるようにせまっても、絶対に買ってくれない。したがって、男性にとって、女性がぬいぐるみを買っ

てくれるかどうかは、彼女の真剣度を確認するバロメーターともなるのだ。

ウェスタンバーはお洒落なデートスポット
웨스턴바는 멋쟁이의데이트 장소

DIALOGUE

　　　　ウワ　オノル　セクシハンデグレ
男：우와 오늘 섹시한데그래
　　今日はセクシーだね

　　　　ホホ　シンギョンジョムソッチ
女：호호,신경좀섰지
　　ちょっと決めてみただけホホホ

　　　　ヨジュム　ゴロン　ディザイニ　ユヘンインガボジ
男：요즘 그런 디자인이 유행인가보지
　　最近そういうデザインが流行ってるみたいだな

　　　　ソダンゲサンニョンイミョン　ブンウォル　オッヌンダドニ　ジャギド　イゼ　ジョム　ボルジュルアネ
女：서당개 3년이면 풍월을 읊는다더니,자기도 이제 좀 볼줄아네
　　「石の上にも三年」と言うけど、あなたも見る目が出て来たね

　　　　オトンソンセンニム　ミテソ　ベウォッヌンデ
男：어떤 선생님 밑에서 배웠는데
　　どんな先生の下で習ったことか

　　　　ヨッシ　トットカン　ゼジャヤ　チョッ
女：역시 똑똑한 제자야 쪽!
　　さすが賢い弟子だね、チュッ！

072

●ウェスタンバーはオシャレ

　ウェスタンバーは、バーテンダがいるカクテル専門のバーだが、ビールも多く取り扱っているバーのこと。最近、大学街や市内の看板でよく見かけるこのウェスタンバーは、インテリアが今風なので、若者達のデートの場所として人気を集めている。

　デートでウェスタンバーに入ると、男性はまず女性を誉める。というのも、このような場所に来るとき、たいていの女性は普段着ではなく余所行きのきれいな服を着ているからだ。

オノル　ベリグッツンデ
오늘 베리 굿인데
今日、ベリーグッド！

ヤ　オヌルジュギヌンデ
야, 오늘죽이는데
やー、今日は殺されそうだね

　この2つのフレーズは女性を誉めるときの決まり文句。
　ウェスタンバーは居酒屋やビアホール（HOF）に比べればお金がかかるので、ここいちばんのときにデートで行くということが多く、男性としては自然に気合いが入る。気に入った女性が座っていたら、とりあえず声をかけるのが当たり前。女性の方も声をかけられるのを待っていることも多く、恋人は捜さなくても、男女ともにちょっとしたアバンチュールはけっこう楽しめる。

●女性を誘う文句

ウェスタンバーには、カップルだけでなく、男性だけ、女性だけのグループも来ている。だから、店内では男性が女性を誘うのもふつうだ。

基本は、まず声をかけて同じテーブルに座ること。そして、場を盛り上げて自己アピールをする。ウェスタンバーのようなところでは女性も比較的開放的になっているので、話がおもしろければ女性たちものってくる。

ヨギ　アンジャド　ゲンチャンオルカヨ
여기 앉자도 괜찮을까요?
この席に座ってもいいですか？

ヨギソ　ヌグマンナギロ　ハショッソヨ
여기서 누구만나기로 하셨어요
ここで誰かと待ち合わせしてるんですか？

ヨジャブンドルマン　オツョッソヨ
여자분들만 오셨어요?
女性だけで来ているんですか？

ジョヨンハンゴッエソ　エィギジョム　ハルスイッソルカヨ
조용한곳에서 얘기좀 할수있을까요
静かな席でお話ししませんか？

オノル　ジョ　ハンジャン　サジュセヨ
오늘 저 한잔 사주세요
ボクに一杯おごらせてください

インターネットで愛を語る
인터넷으로 사랑을 얘기하다

DIALOGUE

男: <ruby>뭐하는<rt>モハヌン</rt></ruby> <ruby>분이세요?<rt>ブニセヨ</rt></ruby>
お仕事はなんですか？

女: <ruby>피아노<rt>ピアノ</rt></ruby> <ruby>학원을<rt>ハッウォンオル</rt></ruby> <ruby>하고<rt>ハゴ</rt></ruby> <ruby>있습니다<rt>イッスンミダ</rt></ruby>
ピアノ学院をやっています

男: <ruby>전<rt>ジョン</rt></ruby> <ruby>28이고,<rt>スムルヨドルサゴ</rt></ruby> <ruby>회사원입니다<rt>ヘェサウォニンミダ</rt></ruby>
私は28歳で会社員です

女: <ruby>전<rt>ジョン</rt></ruby> <ruby>27이고<rt>スムルイルゴブイゴ</rt></ruby> <ruby>별명은<rt>ビョルミョンオン</rt></ruby> <ruby>붉여우입니다<rt>ブルヨウイムニダ</rt></ruby>
私は27歳であだなは赤いきつねです

男: <ruby>지금<rt>ジグン</rt></ruby> <ruby>바로<rt>バロ</rt></ruby> <ruby>만날까요?<rt>マンナルカヨ</rt></ruby>
今、すぐ会いましょうか？

女: <ruby>좋아요,<rt>ジョアヨ</rt></ruby> <ruby>어디에서<rt>オディエソ</rt></ruby> <ruby>만날래요?<rt>マンナルレヨ</rt></ruby>
いいわ、どこで待ち合わせする？

男: <ruby>시원한<rt>シウォンハン</rt></ruby> <ruby>맥주라도<rt>メッチュラド</rt></ruby> <ruby>한잔어때요?<rt>ハンジャンオテヨ</rt></ruby>
冷たいビールでも一杯どう？

女: <ruby>좋아요<rt>ジョアヨ</rt></ruby>
オーケイ

●稲妻が走るインターネットの愛

　韓国ではインターネットの熱風に乗り、インターネット恋愛のブームが起きている。昔のように誰かの紹介ではなく、パソコンを通じお互いにつきあうかたちが増えている。

　チャットをしてすぐに約束して会うことを『稲妻が走る（번개가친다／ポンゲガチンダ）』という。このフレーズは最近できたもので、インターネットのチャットで知り合ってお酒を飲んだ後にホテルに直行する人たちがいるので、こういう言葉ができた。

　チャットをしていると、

ジグン　ボンゲ　ガヌンハシンブン
지금 번개 가능하신분?
いま稲妻が可能である方？

チョンジカン　ヘバンニョルル　チャッコイッスンミダ
정직한 해방녀를 찾고있읍니다
正直な解放女を探しています

ボンゲ　ヘボンジョクイッソヨ
번개 해본적있어요?
あなた稲妻やったことある？

等々、稲妻を走らせようとするコメントが数え切れないほど見つかる。いきなり会わなくても、連絡先を教えあうことは多い。

イーメイル　ジュソ　ガロチョジュセヨ
e-mail 주소 가르쳐주세요
あなたのE-mailアドレスを教えてください

ヒュデポンボンホ　ガロチョジュセヨ
휴대폰번호 가르쳐주세요
あなたの携帯番号を教えてください

女性もかなり積極的にアピールするのがふつうで、ダイアログ中の「赤いきつね」というのも「賢くて美しい女」を意味し、自分のことをかなり誉めている。
　しかし、実際に会ってみると、想像と違っていたというケースも多々あり、

ファサンエソヌン　ケンジャンイ　エィプシドンデ
화상에서는 굉장히 예쁘시던데
画像ではとてもきれいだと思った

男性からこういったコメントを送られてしまう女性もいる。

とはいっても、出会って数度目で以下のような会話を交わせるようになるカップルも実際にあるので、インターネットによる出会いがまったく意味がないとは言い切れない。

<small>オノル　カクテイルド　ハンジャンマシロ　ガルカ</small>
男：오늘 칵테일이라도 한잔마시러 갈까?
今日カクテルでも一杯飲みに行こうか？

<small>ムスン　バラミヤ</small>
女：무슨 바람이야?
どんな風が吹いて？

<small>オゼ　アルバイトハンゴ　バダッコドン</small>
男：어제 아르바이트한거 받았거든
昨日、アルバイトの給料もらったから

●ハチミツと高麗人参で恋が成就する

インターネット上では、いろいろな新フレーズが使われている。最近よく見るのが次のフレーズ。

<small>クルハントン　インサンドゥップリ</small>
꿀한통　인삼2뿌리
蜂蜜1本と（高麗）人参2本

これは一種の呪文で、コメントの最後につけられている。これを付けていると、そのうち彼氏ができると信じられている。
　ハチミツと高麗人参は非常に栄養価が高いもので、そこからこのフレーズをつけていれば、その栄養で彼氏ができるとふうに考えられているらしい。

バレンタインデーは告白の日
발렌타인데이는 고백의 날

DIALOGUE

<small>ナジュンエ デイトジョムヘ</small>
女：나중에 데이트좀해
あとでちょっと時間つくって

<small>ウン アラッソ オディソ</small>
男：응, 알았어 어디서?
うん、わかった。どこで？

<small>ウリガ ハンサン マンナヌン カペ</small>
女：우리가 항상 만나는 카페
私たちがいつも待ち合わせしているところ

（カフェバーで待ち合わせて会う）

<small>ウワ イゲモヤ</small>
男：우와 이게 뭐야
何これ、スゲー

<small>イーチョコレッ マンドノラ ハンダルイナ ゴセンヘッソ</small>
女：이 초콜렛 만드너라 한달이나 고생했어
このチョコレート作るのに1カ月も苦労したもの

<small>センキュウ イロルテ ヨンファエソヌン デゲ キスハドンデ</small>
男：생큐, 이럴때 영화에서는 대게 키스 하던데
サンキュー、こんなとき映画ではだいたいキスするけどー

●バレンタインデーは愛を告白する日

　韓国のバレンタインデーの習慣は日本とほぼ同じだ。2月14日には女性が好きな人や最愛の恋人、夫などにチョコレートをプレゼントする。

　日本と大きく異なるところは、基本的に義理チョコをあげる習慣がないところだろう。つまり、本当の愛情のがある人にしかチョコレートを渡さないのだ。

　だから、韓国のバレンタインデーはかなり真剣で、中学生から社会人まで、女性はあれこれ作戦を練って2月14日を迎える。

　ダイアログは大学生のカップルの会話。韓国のカップルは長い時間をかけて徐々に盛り上がっていくパターンが多く、つきあっている間にあるこういったイベントはとても大切だ。手作りのチョコレートをプレゼントすることで、男性が積極的になり、「サンキュー、こんなとき映画ではだいたいキスするけどー」という言葉になって愛情が表れている。この言葉のあと、女性が男性のほっぺにキスしてあげることが想像される。

　バレンタインデーのデートで最高に盛り上がったら次のような会話になる。

　　　　サランヘー
男：사랑해
　　愛してる

　　　　チョド　サランヘヨー
女：저도 사랑해요
　　あたしも愛してる

また、こんな会話もよくある。

(チョコレートのケースを開けながら)

モ モクゴシップンゴ イッソミョン マルヘ オノルジョニョク ネガサルテニカ
女:뭐 먹고싶은거 있으면 말해, 오늘저녁 내가살테니까
なにか食べたいものがあったら言って、今晩は私がおごるから

グロン チョコレッハナエ キスハンボンシク
男:그럼 쵸콜렛하나에 키스한번 씩
そうしたら、チョコレートひとつにキス1回ずつ

すでにつき合っているカップルではなく、意中の男性にチョコレートを渡すときは次のように告白する。

イゴ バダジュセヨ ヨロシンヒ マンドロッソヨ
이거 받아주세요. 열심히 만들었어요
これを受け取ってください。一生懸命作りました

イゴ ゼマウンミンミダ マッオッソルチド モロジマン ドセヨ
이거 제마음입니다. 맛없을지도 모르지만 드세요
これは私の気持ちです。あまりおいしくないかもしれないけど食べてください

ギデマニ ヘッチョ ネガマンドン ハトゥチョコレッシヤ
기대많이 했죠. 내가만든 하트쵸콜렛이야
期待してたでしょ。手作りのハート・チョコレートよ

●ホワイトデーは真剣そのもの

韓国ではホワイトデーはかなり重要な日。なぜかというと、この日に男性からの返事があるからだ。

チョコレートをもらった男性は1カ月の間いろいろ考え、3月

14日に返事をする。つきあう気があれば、その女性にキャンディーをプレゼントする。

バルレンタインチョコレッセデハン　ソンムル
발렌타인쵸콜렛에대한 선물
バレンタイン・チョコレートのお礼だよ

　バレンタインデーにチョコレートを渡したのに、その男性から３月14日になんの音沙汰もなければ、それは振られたということになる。
　また、片思い中の男性のなかには、チョコレートをもらってもいないのに、勝手にキャンディーや贈り物を女性に渡す人もいる。これは、３月14日がふだんよりも愛の告白をしやすいふんいきになっているからだ。

カラオケで愛を告白する
노래방에서 사랑을 고백하다

DIALOGUE

男1：이세상에 하나밖에 둘도없는 내여인아!
<small>イセサンエ ハナバッケ デゥルドオンヌン ネヨイナー</small>
この世にたったひとり私の女

女1：恥ずかしがる（부끄러워함）

男1：보고또보고 또쳐다봐도 변치않는 내사랑아
<small>ボゴトボゴ トチョダバド ビョンチアンヌン ネサランア</small>
見てまた見ても変わらない私の愛

女1：感動している（감동해서 듣고 있다）

男2：우와 닭살
<small>ウワ ダクサル</small>
ワー鳥肌

男3：눈떠고는 못봐주겠다
<small>ヌントゴヌン モッパジュゲッタ</small>
見ていられないや

女1：나도 자기 사랑해
<small>ナド ジャギ サランヘ</small>
私も愛している

女2：うらやましがっている（부러워하고있음）

●カラオケで愛を語る

　言葉で彼女に愛の表現をするのはなかなか難しいことだ。このように言葉のかわりに歌で自然に伝える方法があり、韓国ではよく使われている。

　つきあいはじめたばかりで面と向かって告白しづらいときは、歌にかこつけて表現してしまうのがいちばんだ。それらしい歌を選び、相手の目を見つめながら熱唱すれば、その思いが相手に通じる。

　愛を訴えるときに歌う曲はだいたい決まっている。ダイアログに出てくる「この世にたったひとり私の女」という歌詞は、ナフナ（나훈아）の『サラン（사랑 愛という意味）』という曲の一節で、韓国人で知らない人はいないというくらい有名なフレーズだ。また、エルビス・プレスリーの『love me tender』も定番だ。

　このように愛の告白にはさまざまなかたちがある。まわりで見ている人は鳥肌が立つかもしれないが、2人は盛り上がることができる。

ドゥリソ　デュエッゴグロ　ブロジャ
둘이서 듀엣곡으로 부르자
ふたりでデュエット曲を歌おうよ

　こう言って気になる女性と歌を歌おうとする男性は多い。グループでカラオケに行くばあい、デュエットに誘われて断わる女性はほとんどいないので、男性にとっては仲良くなるチャンスだ。

オンゼナノエゲ　パジョイシヌンゴル
언제나 너에게 빠져있는걸
いつもあなたに夢中なの

ネガ　サランハヌン　サランウン　ヌバケオッソ
내가 사랑하는 사람은 너밖에 없어
私の愛する人はあなたしかいない

イゼヌン　ヌバケ　アンボヨ
이제는 너밖에 안보여
もうあなただけしか見えない

ナン　ネガオッソミョン　サラガルス　オッソ
난 네가없으면 살아갈수 없어
私はあなたがいないと生きていけない

ヌヌン　ナエ　ジョンブヤ
너는 나의 전부야
君はボクのすべてだ

ネガオッヌン　セサンウン　センガクジョチャ　ハルスオッソ
네가없는 세상은 생각조차 할수없어
君のいない世界なんて考えられない

　このようなフレーズがラブソングにはよく出てくる。相手に向かって直接言うのは恥ずかしいが、歌なら気軽に言えるのがいい。

社会人編

ウキウキの春は浮気の季節
들떠는 봄은 바람나는 계절

DIALOGUE

ボミラ　グルンジ　インマット　オッコ　マウンド　ツンスンセンスンハンゲ
女：봄이라 그런지 입맛도 없고, 마음도 싱숭생숭한게
春だからそうかな、口もまずいし何となく心がそわそわするわ

イボンジュマル　コックキョンド　ハルキョン　ドライブナ　ガルカ
男：이번주말 꽃구경도 할겸, 드라이버나 갈까?
今週、花見がてらドライブでも行こうか？

オモジョンマル　グルン　ドシラグン　ネガ　ジュンビハルケ
キンパプ　センドウィチ　モガジョア
女：어머정말, 그럼 도시락은 내가 준비할께!
김밥, 샌드위치 뭐가좋아?
本当に！うれしい。そうしたらお弁当は私が準備するわ！
キムパプとサンドイッチどっちがいい？

ネガ　ヘジュヌンゴラミョン　アムゴナ　ダ　マシッソ
男：네가 해주는거라면 아무거나 다 맛있어
君が作ったものならなんでもおいしいから

グルン　ドゥゲダ　マンドルカ
女：그럼 두개다 만들까?
そうしたら、ふたつとも作ろうか？

グニャン　バンセドロク　ドシラク　サジマルゴ　イチッジャゴ、
ヤッソクシガンイナ　ヌッチマ

男：그냥 밤새도록 도시락 싸지말고 일찍자고,
약속시간이나 늦지마

**一晩中お弁当作るのに時間をついやさないで早く寝てよ。
約束時間に遅れないで**

アラッソ　ネガアラソ　ジュンビハルケ

女：알았어, 내가알았어 준비할께

わかった。私が勝手に準備するから

●春は女が積極的になる季節

　昔からあることわざに『春は女の季節（봄은 여자의 계절／ボムンヨジャイゲジョル）』というのがある。「春になると女の子はうきうきして恋がしたくなる」と言う意味で、気候がよくなるにしたがって心も浮き浮きしてくる。

　うきうきする春。そのせいか多くの女性が春に結婚式を挙げたがる。とくに５月の花嫁になりたがる女性が多く、５月に結婚式を挙げる女性は『５月の花嫁（오월의 신부）』と呼ばれる。

　ダイアログでは、春になって暖かくなったので、弁当を持ってドライブに行こうとしている。冬の寒さが厳しい韓国では、春は待ちに待ったという感じだ。

　女性が「口がまずい」と言っているが、これは食欲が落ちているということ。日本人の感覚からすると変な感じがするが、韓国では冬は鍋やキムチなどがおいしく食べられるが、春は鍋を食べるには暑いしキムチも酸っぱくてまずくなるので、食欲が落ちるとされている。そこで、気分転換もこめてドライブで郊外に行って外でご飯を食べようとしているわけだ。

　　　　　ボンバラミ　タトゥタンデ　バメ　ドライブナガルカ
男：봄바람이 따뜻한데 밤에 드라이버나갈까?
　　春の風があたたかいね、夜ドライブでも行こうか？

　　　　　オディロガルゴンデ
女：어디로갈건데?
　　どこへ行くの？

　　　　　ハンガンガソ　ヤギョンイラド　ボルカ
男：한강가서 야경이라도 볼까?
　　漢江の夜景でも見に行こうか？

女性が積極的になっている春は、男性にとって恋人を見つけるのに絶好の季節だ。

オノル スカプガ ファサハンゲ ジャル オウリシネヨ
男：오늘, 스카프가 화사한게 잘 어울리시네요
今日、スカーフが華やかですごく似合いますね

オモ ゴレヨ
女：어머 그래요
あ、そうですか

ホクシ オノル ヤッソッイラド イッソヨ
男：혹시 오늘 약속이라도 있어요?
今日約束でもあるんですか？

ボミラソ ゴニャンハンボン ヘバッソヨ
女：봄이라서 그냥한번 해봤어요
春だからただやってみただけです

グルン オノルジョニョッ シッサラド ハルカヨ
男：그럼 오늘저녁 식사라도 할까요?
なら、今晩食事でもどうですか？

声をかけるときに相手を誉めるのは、韓国では常套手段。女性の「あ、そうですか」という返事は、イエスとのノーともとれるが、そのあとに「春だからやってみただけです」と返事をしているので、基本的にイエスということだろう。最後の「なら、今晩食事でもどうですか？」は唐突のような気がするが、韓国ではわりと当たり前。食事は断られても、次には「ならコーヒーはどうですか？」というフレーズが用意されている。

韓国では、『恋は積極的に！』が基本だ。

薄着の夏は矛盾の季節
노출의 여름은 모순의 계절

DIALOGUE

オモ ジョスヨンボク ノム カンチッカダ ジャギオテ
女:어머 저 수영복 너무 깜찍하다, 자기 어때?
あの水着すてき。あなたどう思う?

アェィ パルガボッコダニジ グレ
男:아예 빨가벗고 다니지 그래
よっぽど裸の方がいいじゃない

ディザインド セッタルゴ セッツハジャナ
女:디자인도 색다르고 섹시하잖아
デザインも独特でセクシーじゃない

セッシガ ダ オル ジュグンニャ
男:섹시가 다 얼어죽었냐
全然セクシーじゃないよ

チ ヨジュム バカンスガミョン ジョジョンドヌン ダ インヌンダ モ
女:치, 요즘 바캉스가면 저정도는 다 입는다 뭐!
最近はバカンスに行けばあのくらいはみんな着ているんだもの!

ヤ ネモンウル センガッケヤジ スヨンボギ ウルゲッタウルゲッソ
男:야 네몸을 생각해야지 수영복이 울겠다울겠어
お前の体を考えてみな、水着が泣いちゃうよ

●男性の儒教的考え

　最近はずいぶんかわったが、それでも儒教的な考え方がまだまだ根強く残っている。

　ダイアログでは露出度が高い水着がテーマになっているが、男は自分の彼女にビキニやハイレグの水着は着せたくないと思っている。それで「全然セクシーなんかじゃないよ」「お前の体を考えてみな、水着が泣いちゃうよ」と言って購入を諦めさせよとしている。

　他人なら露出度の高い水着を着てほしいが、自分の恋人の肌を他の男に見せるのは絶対に嫌だという、かなり矛盾した自分勝手な考えを男性は持っている。

男：너 그원피스 너무많이 파인거 아냐?
　　ヌ　グウォンピス　ヌムマニ　パインゴ　アニャ
あのワンピース胸があきすぎてない？

女：이게 어때서그래
　　イゲ　オテソゴレ
それがどうだというのよ

男：가슴이 다 보이잖아
　　ガスミ　ダ　ボイジャナ
胸が丸見えだよ

　このように保守的な言い方をする男性が少なくないので、韓国の女性はズボンをはいている人が圧倒的に多く、ふだんスカートをはいている人は少数派だ。
　ジーパンはもちろんだが、フォーマルスーツでもスカートよりはズボンの方がよく売れるという。

●韓国人のスタイル観

　韓国の男性が女性に魅力を感じるポイントとして、『中高生は顔、大学生はスタイル、大人は性格』とよく言われる。

　顔の好みは日本人とだいたい同じだが、韓国では鼻が重要なポイントとされていて、高くて細い鼻よりも丸みがあって大きな鼻が良いとされている。鼻はその人の運勢、とくに金運と関係があると考えられていて、

<small>コジャルセンギン　ゴジヌン　オッタ</small>
코잘생긴 거지는 없다
乞食の中で鼻のできがいい人はいない

ということわざがあるくらいだ。

　スタイルは、女性ならジーパンの似合うスラリとした体型、男性なら背が高くてがっしりした体型が好まれる。20代の前半だと、顔がそこそこならスタイルの善し悪しで人気度が決まる。

　日本人と韓国人の決定的な好みの違いは、日本の男性は胸の大きい女性を好むが、韓国では胸が大きい人は鈍い人だと思われていて、プラスのイメージはあまりないこと。胸だけ大きいよりも全体的にバランスがとれていることのほうが重要視される。

●整形手術は当たり前

　儒教思想と整形手術は結びつきそうもないが、韓国の女性は安易に整形手術をしている。

　これは男性が美人と不美人を露骨に差別するところから来ているのかもしれないが、女性は美しくなければならないという意識が韓国の女性には非常に強く、美しくなるためなら何をしてもか

まわないという風潮がある。
　若い女性なら、鼻の形を整え、目を二重にする。えらがはっている人は、あごを削る手術をしたりする。
　また、中年以上の人は、よく皺とりの手術をしている。女性どうしの日常会話のなかにも美容整形の話がよく出てくる。
　娘の大学の入学祝いに整形手術、なんてことがあるくらいで、一部の人を除けば男性の方にも女性の整形に対する抵抗感はない。

紅葉狩りの秋は求婚の季節
단풍놀이의 가을은 청혼의 계절

DIALOGUE

<small>ナ モッオルラ ガゲッソ ジョム ダンギョジョ</small>
女：나 못올라 가겠어 좀 당겨죠
私あがれない、ちょっと引っ張って

<small>ハナ ドゥル セッタミョン オルラオンダ</small>
男：하나,둘,셋 하면 올라온다
イチ、ニ、サンであがるぞ

<small>ウン アラッソ ミアンヘ</small>
女：응,알았어. 미안해
ウン、わかった。悪いわね

（滑ってしまう）

<small>グルニカ ピョンソエ ジョム デガンモッチ オンドンイガ タルリョオニャ</small>
男：그러니까 평소에 좀 대강먹지 ,엉덩이가 딸려오냐
**だからふだん少しだけ食べればいいんだよ。
お尻が重くてついてこないじゃないか**

<small>ネオンドンイガ オトッタゴ グレ</small>
女：내엉덩이가 어떻다고 그래
私のお尻がどうだっていうのよ

<small>ヌン ゴウルド アンボゴサニ</small>
男：넌 거울도 안보고사니?
ふだん鏡見ないんだっけ？

●紅葉は最高のシチュエーション

　ダイアログにある光景は、山登りの道でよく見かける風景。女性がうまく登ることができず、男性が力を貸しているのは、よくあるパターンだ。

　結婚も間近というカップルのばあい、男性も女性もストレートに物事を言う。お尻が重いなんて、つき合いが浅い間は口が裂けても言えないが、深い仲の恋人どうしだと、男の方が軽口をたたいてからかう。

●プロポーズする

韓国の秋はなぜかプロポーズしたくなる季節。寒くなる前にケリをつけておきたくなるのかどうかわからないが、とにかくプロポーズに燃える男性が増える。

社会人どうしのカップルは、結婚を前提につきあっているのがほとんどなので、プロポーズするといっても、断られてしまうかもしれないという不安は基本的にない。

婚約指輪と花束をプレゼントしてけじめをつけるという意味合いが強く、いかにロマンチックにプロポーズの場を演出するかということに男性は熱中する。

キョロネ　ジュセヨ
결혼해 주세요
結婚してください

イバンジ　バダジュミョン　ジョケッタ
이반지 받아주면 좋겠다
この指輪を受け取ってください

ヘンボッカゲ　ヘジュルケ　ガチ　サルジャ
행복하게 해줄께, 같이 살자
一生幸せにしますから、いっしょに暮らしてください

ジュグルテカジ　ハムケイッソジョ
죽을때가지 함께있어죠
死ぬまでいっしょにいてください

シンホンチボン　オトケハルカ
신혼집은 어떻게할까?
２人で住む家はどうしようか？

人寂しくなる冬は恋人を捜す季節
쓸쓸한 겨울은 애인을 찾는 계절

DIALOGUE

スキ ジャル モッタシナバヨ
男：스키 잘 못타시나봐요
スキー、まだ下手ですね

ジョ シルン チョウンイゴドンヨ
女：저 실은 처음이거든요
実ははじめてなので

ホンジャオショッソヨ
男：혼자오셨어요?
ひとりで来たんですか？

アニョ ジョギチングドゥリラン ガチワッソヨ
女：아뇨, 저기친구들이랑 같이왔어요
いいえ、あの友だちといっしょですが

ゲンチャンオシダニョン ゼガ ガルキョドリルカヨ
男：괜찮으시다면 제가 가르쳐드릴까요?
よければボクが教えてあげましょうか？

ジャルタシヌンガ ボジョ
女：잘타시는가 보죠?
上手ですか？

男: 아, 그건 걱정안하셔도 됩니다 스키라면 또 이 스키라고
　　ああ、それは心配しなくてもいいです。
　　スキーといえばこの李スキーだって

女: 그럼 한수 가르쳐주시겠어요
　　ひと技、教えてもらえますか？

男: 예 맡겨만 주싶시오
　　はい、おまかせください

●女性がいないと寂しい

　秋から冬にさしかかり冷たい空気が冬をつげると独身男性たちの口癖が出始める。

ネ　イルボリン　ハンチョッガルビヌン　ジグンチュン　オディソ　モルハゴ　イッソルカ
내 잃어버린 한쪽갈비는 지금쯤 어디서 뭘하고 있을까?
私の失ったあばら骨は今ごろどこでなにをしてるんだろう？

ネジッシン　ハンチョグル　オディガソ　チャジョルカ
내짚신 한쪽을 어디가서 찾을까?
私の片方のわらじをどこへ行って探せばいいんだろう？

これは両方ともよく使われることわざで、『私の失ったあばら骨は今ごろどこで何をしているんだろう？』の「失ったあばら骨」も、『私の片方のわらじをどこへ行って探せばいいんだろう？』の「私の片方のわらじ」もは将来のお嫁さんを指す。

　寒い冬になると、男たちはこんなことを言い合ってお互いの心の寒さを癒すのだ。

●冬はスキーで恋人を捜せ

　最近はスキーが大ブームで、冬になると若者は猫も杓子もスキー場につめかける。独身の男女にとってスキー場は出会いの場でもあり、自分の理想の相手を捜してゲレンデやリゾートホテルを歩きまわる。同じ場所でスポーツをやっているとお互いに声をかけやすいので、恋人が見つかる確率は街よりもずっと高い。

　韓国の男の人は、得意なスポーツなどの前に自分の姓をつけて自慢する。ダイアログに出てくる『李スキー』は、スキーが得意な李さんが自分のことをこう呼んで自慢しているわけだ。ほかにも、

水泳が得意な李さんなら『李水泳(이수영／イスヨン)』、テニスが得意な鄭さんなら『鄭テニス(정테니스／チョンテニス)』、歌が得意な朴さんなら『朴歌(박노래／バンノレ)』という。
　お目当ての女性を口説くときは、

チョボルル　カルチヌンデヌン　イルガギョニイッスンミダ
초보를 가르치는데는 일가견이 있읍니다
初歩を教えるには一見識あります

デガンウン　ハムミダ
대강은 합니다
一通りのことはできます

と言って自分をアピールする。

女性は占いでふたりの将来を決める
여자는 점으로 두사람의 장래를 결정한다

DIALOGUE

ウリ　ジョゴハンボン　ボゴガジャ
女：우리 저거한번 보고가자?
私たちあそこで占ってもらわない？

スルデオプシ　ジョロンゴン　ウェバ
男：쓸데없이 저런건 왜봐
そんなむだなことしてどうするの

グレド　ナ　ボゴシッタンマリヤ　ウリオンゼ　キョロンハヌンジ
女：그래도 나 보고싶단말이야!우리언제 결혼하는지
それでも私たちがいつ結婚できるか見てもらいたいんだもの！

アラッソ　アラッソ　ジョミラミョン　グニャン　サジョッオル　モッソヨ
男：알았어 알았어, 점이라면 그냥 사족을 못써요
あーわかったわかった、占いに目がないんだからしょうがないなぁ

ハラボジ　ウリ　グンハプバジュセヨ
女：할아버지 우리 궁합봐주세요
私たちの相性がどうか見てください

●韓国女性も占いが大好き

　韓国では自分の将来を占い師に見てもらうのはよくあることだが、デートの途中で女性が占ってもらうことも多い。繁華街にはたいてい占い師が座っていて、若い女性の需要に応えている。

未婚女性最大の関心事はやはり結婚だ。何歳で結婚するか、相手との相性はどうかなどを占ってもらう。占いにはいろいろあるが、韓国で一般的な占いは、生年月日と生まれた時間で占うものだ。とくに気になるのは、彼氏といつ結婚できるかということ。占いの結果を利用して、結婚についてあまり真剣に考えていない彼氏にプレッシャーをかけることもよくある。

　見合いをする前には母親が顔見知りの占い師のところに行って見合い相手との相性を必ず占ってもらう。これでもし相性が悪いということになれば、お見合いじたいが流れてしまうので、占いの影響は大きい。

　当人どうしが直接占いに来ているときは、占い師は悪い卦が出てもはっきりとは伝えない。しかし、親や友人が代理で占っても

らいに来ているときは、結果をそのまま伝えるので、「あの人とは相性が悪すぎて、結婚しても幸せになれないから、はやく別れなさい」と言われて、周囲から交際を反対されてしまう。

●悪い相性はどうしようもない

生年月日を使う占いの怖いのは、対処法がないというところ。相性が悪いと出たら別れるしか方法はなく、2人で努力して相性を良くすることはできないとされている。

男：부부가 속궁합이 맞아야 잘산다는데 우리도 한번 맞춰볼까?
<ruby>ブブガ ソクグンハプイ マジャヤ ジャルサンダヌンデ ウリド ハンボン マッチョボルカ</ruby>
夫婦はソックンハプが合わないとよくないというじゃない。ボクたちも一度相性を見てみようか

女：하여튼 징그럽기는
<ruby>ハヨトン ジングロッキヌン</ruby>
とにかく、気持ち悪いことばかり

男：궁합이 어떤가 궁금하다면서
<ruby>グンハビ オトンガ グングンハダミョンソ</ruby>
相性がどうか聞きたいと言ったじゃないか

女：누가 그궁합보고 말했어
<ruby>ヌガ ググンハプボゴ マルヘッソ</ruby>
私はその相性を言っているの

ここで『ソックンハプ(속궁합)』というのは、相性は相性でも内の相性、つまりセックスの相性をいう。実際、占い師に相性を見てもらうばあい、そのなかにはソックンハプも含まれている。

夫婦仲が悪くなると、韓国ではもともと相性が悪かったのでは

ないかという話にもなる。

　ダイアログの女性の発言の「とにかく、気持ち悪いことばかり」の「気持ち悪いこと」というのは、真剣に相性を占ってもらおうとしているのに、夫が「夫婦はソックンハプが合わないとよくないというじゃない」と言ってセックスを求めていることに対して腹を立てているのだ。

　実際に占ってもらい、相性があまりにも悪いということになれば、本当に離婚してしまうこともあるので、韓国では占いの結果というのは馬鹿にできない。

クリスマスは愛が高まる日
크리스마스는 사랑하고 싶은날

DIALOGUE

男：（눈을 가리며）누구게?
_{ヌグゲ}
（目を隠して）誰だ？

女：자기 스킨 냄새가 나는데!
_{ジャギ スキン ネムセガ ナヌンデ}
あなたの肌の匂いがするもの！

男：요, 야시
_{ヨ, ヤシ}
なんと、このキツネ

女：추우니까 어디든 빨리 들어가자
_{チュウニカ オディドン パルリ ドロガジャ}
寒いからどこかにはやく入ろう

男：내가 있잖아, 이리와 안아줄께
_{ネガイッジャナ イリワ アナジュルケ}
ボクがいるじゃない。おいで、あたたかくしてあげるから

女：다른사람들 보잖아
_{ダルンサランドゥル ボジャナ}
ほかの人たちが見ているよ

男：내년 크리스마스도 같이 보냈으면 좋겠다
_{ネニョン クリスマスド ガチ ボネッソミョン ジョケッタ}
来年のクリスマスもいっしょに過ごせたらいいなぁ

●韓国のクリスマス

韓国はクリスチャンが多いこともあって、クリスマスは大いに盛り上がる。クリスマスを恋人といっしょに過ごしたいと考えているのも日本と同じだ。

男は2人で過ごすレストランやプレゼントにあれこれ頭を悩ます。結婚を前提にしているカップルだと、クリスマスに旅行に出る人も多い。

ダイアログのカップルは熱々で、待ち合わせ場所でいきなり目隠しをしていちゃついている。男が「キツネ」と言っているが、キツネには美しいという意味があり、彼女のことを誉めているわけだ。女性は「ほかの人たちが見ているよ」と周囲の目を気にしているが、男性は「来年クリスマスもいっしょに過ごせたらいいなぁ」と勝手なことを言って、2人だけの世界に入ってしまっている。

しかし、何回もいっしょにクリスマスを過ごしている恋人だと、クリスマスが普段とあまりかわらないこともある。

男:　オノル　チングドル　モイギロ　ヘンヌンデ　ケイクサソ　ネアパトロ　ガジャ
오늘 친구들 모이기로 했는데 케익사서 내아파트로 가자
**今日、友だちが集まることになっているから
ケーキ買ってボクのアパートに行こう**

女:　グロン　ナン　ワインイラド　ジュンビハルカ
그럼 난 와인이라도 준비할까?
私はワインでも準備しようか？

男:　ヨッシ　センスガイッソ
역시 센스가 있어
やっぱりおまえはセンスがある

　　　　ナン　オノル　ジョヨンヒ　ドゥリマン　イッコシップンヌンデ
女：난, 오늘 조용히 둘이만 있고싶었는데
　　今晩はふたりきりで静かにいたかったけど

　さらに夫婦になると、ちょっと外出するだけになってしまう。

　　　ヨンファナ　ボロガルカ
夫：영화나 보러갈까？
　　映画でも見に行こうか？

　　　ウン　ゴッ　クリスマスラ　ゼミインヌンゴ　マニハルコヤ
妻：응, 곧 크리스마스라 재미있는거 많이할거야
　　ウン、もうクリスマスだからおもしろいものやってると思う

　　　グロン　エィメヘノッコ　タトゥッタン　コピラド　ハンジャンマシジャ
夫：그럼 예매해놓고 따뜻한 커피라도 한잔마시자
　　そうしたらチケットを買っておいてコーヒーでもいっぱい飲もう

●クリスマスをめざして

　韓国ではクリスマスに結婚すると幸せになると言われていて、クリスマスに結婚式を挙げるカップルも多い。雪が降ってホワイトクリスマスになれば、もう本当に一生の思い出で、参列した友人たちも感動してしまう。

　恋人がいない男性もクリスマスに向けて忙しい。ふんいきが盛り上がるクリスマスの時期は、愛を告白する絶好のチャンス。赤いバラの花束とプレゼントを持って意中の人にアタックする。女性の方もクリスマスは彼氏と過ごしたいと思っているので、ふだんは「ノー」と断られそうな人でも「イエス」と言ってもらえる確率が増える。

誘うときは次のように言う。

クリスマス　ガチ　ボネヨ
크리스마스 같이 보내요
クリスマスをいっしょに過ごしてください

クリスマスエ　ヤッソッイスンミカ
크리스마스에 약속있읍니까?
クリスマスは何か予定がありますか？

クリスマスエ　モッイッヌン　レストラン　エィヤッケノアッヌンデ
크리스마스에 멋있는 레스토랑 예약해놓있는데
クリスマスに素敵なレストランを予約してあるんだけど

競馬場は恋人と楽しく遊ぶところ
경마장은 연인과즐겁게 놀수있는곳

DIALOGUE

オノル　ドンタミョン　モ　ハルゴンデ
女：오늘 돈따면 뭐 할건데？
今日、儲かったらどうする？

マッイッヌンゴ　サモグルカ
男：맛있는거 사먹을까？
高級な食事でもしようか？

シルン　オゼ　ナ　デジクン　クッコドン
女：실은 어제 나 돼지꿈 꿨거든
私ね、昨日夢で豚ちゃんを見たのよ

ウワ　ジョンマル　グロン　オノル　デバク　トジヌンゴ　アニャ
男：우와！정말！그럼 오늘 대박 터지는거 아냐
ワウ！本当に今日大当たりになりそうだね

グルチドモルジ
女：그럴지도모르지
そうかもしれない

グロン　オノルン　ネコッカジ　ネガゴル
男：그럼 오늘은 내껏까지 네가걸어
なら、今日はボクのお金も君が賭けてよ

●競馬はみんなで楽しめる

　現在、韓国には競馬場がソウルとチェジュド（済州島）の2カ所あるが、競馬場といえば一般的にはソウル郊外にあるソウル競馬場のことを指す。レースはおもに週末に開催され、夏場はナイト競馬になる。

　韓国の競馬場は1レースで100,000ウォン（約1万円）までしか賭けられないので、賭博性は低い。したがって、ギャンブル目的ではなく、純粋に遊びに行く人たちもいる。恋人どうしで行くばあい、おこづかいを使ってちょっとギャンブルを楽しむ。お金を増やすことよりも、2人で賭けた馬を応援して声を上げるのが目的になっている。だから友だちどうしや家族で、ピクニックに行くように競馬場を訪れる人たちがたくさんいる。

　韓国には競輪も競艇もパチンコもない。カジノはあるが外国人専用なので、韓国人は参加できない。

　だから、韓国では3人そろえば花札（ゴスドップ／고스돕）になる。ルールは日本とだいたい同じ。友だちどうしや家族どうしでやるのが一般的で、恋人どうしですることはほとんどない。

●幸運の印

　ダイアログでは女性が豚の夢を見たというので喜んでいるが、韓国では吉祥の前兆がよく話題になる。もっとも有名なのは、豚と龍の夢で、

デジガ　チベ　ドロワッタ
돼지가 집에 들어왔다
豚が家に入って来る

ヨンイ　ヨイジュロル　ムルゴイッタ
용이 여의주를 물고있다
龍が如意宝珠をくわえている

このどちらかの夢を見れば吉で、良いことがあると言われている。
　宝くじに当たった人は、周囲の人に必ず次のような質問をされることになる。

ボックンオル　サギジョンナル　ムスンクンオル　クッスンミカ
복권을 사기전날 무슨꿈을 꿨읍니까?
宝くじを買う前の日にどんな夢を見たんですか？

●スポーツ観戦で盛り上がる

　デートでスポーツ観戦に出かけるカップルも多い。韓国でメジャーなスポーツといえば、野球、サッカー、バスケットボールなどだが、スポーツ観戦といえばもっぱら野球になる。
　韓国の野球チームは、そのエリアを代表するチームで、選手もその地方の人が中心になっているので、応援にも地元意識がもろに出て非常に盛り上がる。
　そんなふんいきのなかで２人で同じチームを応援すれば、２人

の愛のボルテージも自然に高まる。2人の愛を進行させようとするときには野球がピッタリなので、男性はよく彼女を野球観戦に誘って恋の前進をめざす。

^{ヤグボロ ガルレ}
男：야구보러 갈래?
野球見に行かない？

^{ウン オディオディ シハッインデ}
女：응, 어디어디 시합인데?
うん、どことどこの試合なの？

^{ジナンボンチョロン ト ジョッタゴ ノムフンブン ハジマルゴ}
男：지난번처럼 또 졌다고 너무흥분 하지말고
前のように負けたといって興奮しすぎないようにしてよ

^{ア アラッソ エィメナヘナ}
女：아, 알았어 예매나해놔
はいはい、わかりました。前売り買っておいてね

誕生日には赤いバラを!
생일날 빨간장미를

DIALOGUE

^{ヌダルムン　ジャンミコッチヤ、センイルチュカハンダ}
男：너닮은 장미 꽃이야.　생일축하한다!
君にお似合いのバラだよ。お誕生日おめでとう!

^{オモ　イポラ　ジャギゴマウォ}
女：어머 이쁘라 ,자기고마워!
まぁきれい、ありがとう!

^{ソンムルン　アンプロバ、マウメドルチ　モロゲッタ}
男：선물은 안풀어봐,　마음에들지 모르겠다
プレゼントもあけてみな、気に入ればいいけど

^{ヌガゴルンゴンデ　マウメ　アンドルゲッソ}
女：누가고른건데　마음에 안들겠어
あなたが選んでくれたから、なんでも嬉しいわ

^{ネ　ソンカラゲ　クルチ　モルゲッタ}
男：네　손가락에 클지 모르겠다
君の指には大きいかもしれない

^{ソンガラゲ　キウォジョ}
女：손가락에　끼워죠
指にはめてちょうだい

^{サランヘ}
男：사랑해
愛しているよ

●赤いバラは必ず贈る

　誕生日のプレゼントとしてもっともメジャーなのが花だ。なかでも赤いバラの花を歳の数だけあげるのが一般的。

　この花のほかに1つプレゼントを用意する。プレゼントは人それぞれで一概には言えないが、最近流行っているのは、カップルリング（커플링）、カップルネックレス（커플네크）、ペアルックのセーターなど、2人でいっしょに身につけられるもの。

●指輪はプロポーズのときに

　ダイアログのように女性の誕生日をきっかけにしてプロポーズするケースもある。そのときは指輪を用意して渡すことになっている。韓国では、プロポーズするとき以外、男性が女性に指輪をプレゼントすることはない。逆に言えば、男性が指輪を出してきたら、結婚したがっているということだ。

男：<ruby>생일선물<rt>センイルソンムル</rt></ruby>　<ruby>뭐-받고싶어?<rt>モーバッコシッポ</rt></ruby>
誕生日プレゼントなにをもらいたい？

女：<ruby>지난번에<rt>ジナンボネ</rt></ruby> <ruby>봐둔<rt>バドゥン</rt></ruby> <ruby>원피스가<rt>ウォンピスガ</rt></ruby> <ruby>있는데<rt>インヌンデ</rt></ruby>
このあいだ見といたワンピースがあるけど

男：<ruby>그럼<rt>グルン</rt></ruby> <ruby>같이<rt>ガチ</rt></ruby> <ruby>보러갈까?<rt>ボロガルカ</rt></ruby>
そしたらいっしょに見に行こうか？

女：<ruby>내가<rt>ネガ</rt></ruby> <ruby>입어볼테니까<rt>イボボルテニカ</rt></ruby> <ruby>어느게<rt>オノゲ</rt></ruby> <ruby>더<rt>ド</rt></ruby> <ruby>나은지<rt>ナウンジ</rt></ruby> <ruby>잘봐<rt>ジャルバ</rt></ruby>
私が着てみるからどっちがいいかよく見て

女：자기 생일선물 뭐해줄까?
あなた誕生日プレゼントなにがほしい？

男：갖고싶은게 딱 한가지 있는데
ほしいものがひとつあるけど

女：뭔데?
なに？

男：너
君

ビヤガーデンには人間狩りがある
호프에는 인간사냥이 한창

DIALOGUE

男1：<ruby>아까보니<rt>アカボニ</rt></ruby> <ruby>춤이<rt>チュミ</rt></ruby> <ruby>정말<rt>ジョンマル</rt></ruby> <ruby>정열적이던데<rt>ジョンヨルチョギドンデ</rt></ruby>
　　　아까보니 춤이 정말 정열적이던데
　　　さっきの踊りとても情熱的だったですよ

女：　실은 어제 실연당했거든요
　　　(シロン オゼ シリョンダンヘッゴドンヨ)
　　　実は昨日振られちゃったんですよ

男2：아니 이런미인을 누가감히
　　　(アニ イロンミインオル ヌガガミ)
　　　なんと、あえてこんな美人を振るなんて

男3：그깟 자식, 오늘 코가 삐뚤어질때까지 마시고 잊어버려요
　　　(グッカッジャシッ オノル コガ ピトゥロジルテカジ マシゴ イジョボリョヨ)
　　　そんなアホなヤツ、今晩鼻がひん曲がるまで飲んで忘れて

女：　정말 그래야겠어요, 자 우리건배해요
　　　(ジョンマル グレヤゲッソヨ ジャ ウリゴンベヘヨ)
　　　ホント、ホント。じゃ乾杯しましょう

男2：우리의 공주님을 위하여!
　　　(ウリエ ゴンジュニムル ウィハヨ)
　　　ボクたちのお姫さまのために！

●気軽に行けるのがビヤガーデン

　最近は大規模ビヤガーデンがはやっていて、たくさんの人でにぎわっている。同僚と軽く飲みに行ったり、ミーティンをしたり、若者がデートするのに、お金がかからず気軽に行くことができる場所として人気がある。1杯1,000ウォン程度だから、つまみを頼んでも1人2,000～3,000ウォンですんでしまう。

　こういったビヤガーデンで週末に、お笑い芸人が司会をするイベントがよく開かれている。そのなかで人気があるのが『人間狩り（인간사냥／インガンサニャン）』と呼ばれるもの。

　イベントでは客席からお客さんを呼んでゲームをしたり、のど自慢をしたりするのだが、ノリのいい女性客を舞台に呼んでいろいろな質問をし彼女を競りにかけることがある。司会者が「この人はいくらですかー」と言うと、客席から「30,000ウォン」「50,000ウォン」といった声が出る。「みなさん、もうなければ3番テーブルに落ちますよー」といった具合に競りは進行し、「決まりました！」という司会者の声とともに、その女性は競り落とされたテーブルへ売られていくことになる。だから奴隷狩りといわれるのだ。その女性は、テーブルへ行けば本当にお金がもらえる。

●競り落とされる女性は積極的

　ダイアログは、競り落とされた女性と競り落としたテーブルの男性たちの会話。この女性は舞台で自分の十八番として踊りを披露して競り落とされたわけだ。

　女性の「実は昨日振られちゃったんですよ」という言葉は本当かどうかなりあやしい。「鼻がひん曲がるまで」というのはお酒を飲むときの常套句で、浴びるほど飲むという意味だ。

　また、次のような会話もよく交わされる。

男：<ruby>몇<rt>ミョッ</rt></ruby><ruby>살<rt>サル</rt></ruby><ruby>이<rt>イ</rt></ruby><ruby>에<rt>エィ</rt></ruby><ruby>요<rt>ヨ</rt></ruby>?
いくつ？

女：<ruby>스<rt>ス</rt></ruby><ruby>물<rt>ム</rt></ruby><ruby>네<rt>ル</rt></ruby><ruby>살<rt>ネサル</rt></ruby><ruby>이<rt>イ</rt></ruby><ruby>에<rt>エィ</rt></ruby><ruby>요<rt>ヨ</rt></ruby>
24歳です

男：<ruby>술<rt>スロン</rt></ruby><ruby>은<rt></rt></ruby> <ruby>잘<rt>ジャル</rt></ruby> <ruby>하세요<rt>ハセヨ</rt></ruby>?
お酒は強いですか？

女：<ruby>친구들<rt>チングドリ</rt></ruby><ruby>이<rt></rt></ruby> <ruby>다들<rt>ダドル</rt></ruby> <ruby>세다고해요<rt>セダゴヘヨ</rt></ruby>
友だちはみな強いと言うんですよ

男：<ruby>자그럼<rt>ジャグロン</rt></ruby>,<ruby>오늘<rt>オノル</rt></ruby> <ruby>누가이기나<rt>ヌガイギナ</rt></ruby> <ruby>한번<rt>ハンボン</rt></ruby> <ruby>마셔볼까요<rt>マショボルカヨ</rt></ruby>?
それなら、今日どっちが勝つかひとしきり飲んでみましょうか？

週末恋人は遠距離恋愛
주말연인은 장거리연애

DIALOGUE

男：<ruby>자<rt>ジャ</rt></ruby> <ruby>선물,<rt>ソンムル</rt></ruby> <ruby>어제<rt>オゼ</rt></ruby> <ruby>네생각나서<rt>ネセンガクナソ</rt></ruby> <ruby>샀어<rt>サッソ</rt></ruby>
はいプレゼント、昨日たまたま君のことを思い出して買ったんだ

女：<ruby>뭔데?<rt>モンデ</rt></ruby>
なに？

男：<ruby>궁금하면<rt>グンゴンハミョン</rt></ruby> <ruby>풀어봐?<rt>プロバ</rt></ruby> <ruby>마음에<rt>マウメ</rt></ruby> <ruby>들면<rt>ドルミョン</rt></ruby> <ruby>좋겠는데<rt>ジョッケヌンデ</rt></ruby>
開けてみてもいいよ。気に入ってもらえるかなぁ

女：<ruby>어머<rt>オモ</rt></ruby> <ruby>이뻐라<rt>イポラ</rt></ruby>,<ruby>자기<rt>ジャギ</rt></ruby> <ruby>고마워<rt>ゴマウォ</rt></ruby>!
まあきれい、ありがとう！

男：<ruby>매일<rt>メイル</rt></ruby> <ruby>이렇게<rt>イロッケ</rt></ruby> <ruby>만나면<rt>マンナミョン</rt></ruby> <ruby>좋겠다<rt>ジョッケッタ</rt></ruby>
毎日こんなに会えるといいなぁ

女：<ruby>오늘밤<rt>オヌルバン</rt></ruby> <ruby>내내<rt>ネネ</rt></ruby> <ruby>같이<rt>カチ</rt></ruby> <ruby>있을거잖아<rt>イッソルゴジャナ</rt></ruby>
文句言わないで、今晩ずっといっしょにいるんだから

121

●週末恋人はつらいよ

　遠距離ではなければ、毎日会える恋人どうし。しかし遠く離れているからこそ２人はもっと熱くなり、ケンカの数も少なくなる。

　遠くに離れて週末しか会えない恋人のことを『週末恋人（주말연인／ジュマルヨ ニン）』だという。毎日会いたいのだが、ふだんはＥメールや電話でやりとりし、週末に会って愛を確かめあう。

　ダイアログのカップルは週末恋人としてうまくやっているが、男性の方が我慢の限界に来ているカップルがけっこういる。

　　　　　イゼ　イル　グマンドゥルテド　デジアナッソ
男：이제 일 그만둘때도 되지안어?
　　もうそろそろ仕事やめた方がいいんじゃないの？

　　　　　イデロド　ゼミイッチャナ
女：이대로도 재미있잖아
　　このままでおもしろいじゃない

　　　　　ナン　ピゴンヘソ　ド　イサンウン　モッタゲッソ
男：난 피곤해서 더 이상은 못하겠어
　　ボクはこれ以上続けられない

　　　　　アジッ　ジョム　ドーイッタガ　キョロンヘド　アンヌッチャナ
女：아직 좀 더 - 있다가 결혼해도 안늦잖아
　　もう少し後で結婚しても遅くないじゃない

　　　　　ナド　マヌラガ　ヘジュヌン　パプチョム　モゴボジャ
男：나도 마누라가 해주는 밥좀 먹어보자
　　女房が作ってくれるごはんを食べてみたいよ

　たまにしか会えないとわかっていると、つい次のような愚痴が口に出てしまう。

ト　オンゼ　マンナルスイッソ
또 언제 만날수있어?
今度いつ会えるの？

ナ　スルスルヘ　ジュゲッソオ
나 쓸쓸해 죽겠어
わたし寂しくて仕方がないわ

シガニ　ノム　ジャルガンダ
시간이 너무 잘간다
時間がたつのがはやすぎるよ

イゼン　ヘオジゴ　シッチアナ
이젠 헤어지고 싶지않아
もう離れたくないよ

イロンセンファル　ドーイサンウン　モッキョンディゲッソ
이런생활 더 - 이상은 못견디겠어
もうこんな生活に耐えられない

別れ話の切り出し方
이별얘기를 꺼내는 방법

DIALOGUE

ヌ ボダ ドジョウン サラン イッソミョン ガンダ
女：너 보다 더좋은 사람 있으면 간다
あなたよりもっといい人がいれば行く

ゴジンマル
男：거짓말
ウソだ！

グロニカ ヌド ナボダ ド ジョウンサラン イッソミョン ガラ
女：그러니까 너도 나보다 더 좋은사람 있으면 가라
だから、あなたも私よりもっといい人見つかったら行って

イゼン ネガ ブダンスロウォ ジンゴヤ
男：이젠 내가 부담스러워 진거야?
つまり ボクのことが負担になったということ？

アニ ゴゲアニヤ
女：아니, 그게아니야
いいえ、違うわ

グロン ナボダ ド ジョワハヌン サラミ センギンゴヤ
男：그럼, 나보다 더 좋아하는 사람이 생긴거야?
なら、ボクよりもっと好きな人ができたの？

アニ ヌル シルハヌンゲ アニラ ネガヒンドロソ グレ
女：아니, 널 싫어하는게 아니라 내가힘들어서 그래
いいえ、あなたがいやになったわけじゃなくて、私が疲れたの

●別れる理由がないのに別れる

　社会人どうしの恋愛は結婚を前提につきあっていることが多いので、一度ステディーなカップルになると、別れてしまうということはあまりない。とくに仕事を持つ女性は恋愛に慎重で、なかなかつきあいはじめないし、親交の深め方もゆっくりしている。

　しかし、最近はドライな考え方の女性が増えてきていて、ダイアログのように別れなければならない理由もないのに別れてしまうケースもある。このような女性は、より条件が良い男性に乗り換えていくのがふつうで、つきあいはじめるときに「もっと条件の良い人が現れたら別れる」ことを条件にしている。

　また、男性側の家族が反対するケースも多い。

<small>キョロンハギ　ヒンドルゴッガッタ</small>
男：결혼하기 힘들것같다
　やはり結婚は難しそうだ

<small>アジッカジ　ジバネソ　ナル　モンマタンハゲヨギョ</small>
女：아직까지 집안에서 날 못마땅하게여겨？
　まだ、私のことが気にいらないって？

<small>オンマガ　ソン　ボレ</small>
男：엄마가 선 보래
　お母さんがお見合いしなさいって

このように男性の母親が反対すると、結婚はなかなか難しい。もちろん女性側の父母が結婚を許可しないこともある。

　いずれにしろ、両親をはじめとした家族の意向は、2人の結婚に大きく影響する。儒教的な考え方がまだ強い韓国では、両親に逆らってまで結婚するのは困難を極める。

別れの言葉には以下のようなものがある。男女それぞれが置かれた状況でフレーズも異なってくる。

ゼバルブタッイヤ　ヘオジジャ
제발부탁이야 헤어지자!
お願いだからサヨナラと言って！

ノガチ　セクゴルン　シロ
너같이 색골은 싫어
あなたみたいな女好きにはついていけないわ

ノルミドン　ネガ　バボジ
널믿은 내가 바보지
君を信じたボクがバカだった

ドイサン　ネオルグル　ボギシロ
더이상 네얼굴 보기싫어
もうあなたの顔をみたくないの

バランピヌンゴン　ヨンソモッテ
바람피는건 용서못해
浮気する人なんて許せないわ

オチェソ　ギョロンハゴ　シプダヌン　センガギ　アンドル
어째서 결혼하고 싶다는 생각이 안들어
どうしても結婚する気になれないの

キョロンガトウングン　アジッ　センガクト　ハルスオプソ
결혼같은건 아직 생각도 할수없어
結婚なんてまだ考えられないよ

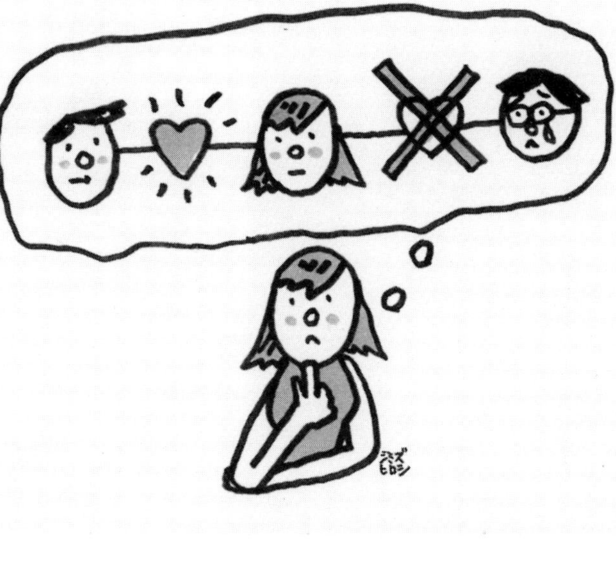
ミズ
ヒロシ

仲直りするためにはひたすら謝る
화해하기 위해서는 오로지 사과한다

DIALOGUE

ヨギソ　モヘ
女：여기서 뭐해？
ここでなにやっているの？

ヌ　ギダリゴ　イッソッチ　ジャ
男：너 기다리고 있었지 자！
君を待っていたんだ、これ！

イゲ　モヤ
女：이게 뭐야？
これなに？

ミアンヘ　ネガジョアハヌン　ジャンミ　ハンソンイ
男：미안해 네가좋아하는 장미 한송이
ごめん、君が好きなバラだよ

スルイラド　ハンジャンハロ　ガルレ
女：술이라도 한잔하러 갈래？
お酒でも一杯飲みに行こうか？

ジョア
男：좋아
いいよ

> ナド　ゴンゴミ　センガクヘバッヌンデ　ジャルモッヘットンゴッ　ガタ
> 女：나도 곰곰히 생각해봤는데 잘못햇던것 같아
> **私もよくよく考えてみたんだけど、過ちがあったと思う**
>
> アニ　ネガ　ド　ナパッソ
> 男：아니 내가 더 나빴어
> **ボクの方がもっと悪かった**

●誠意を示して謝ることが大切

　このようにケンカを謝るため彼女の職場の前まで花束を持って待つというのは、よほどのことだと思われがちだが、韓国人から見ると男らしく謝る作戦のひとつだ。

　日本人のように、偶然を装ってたまたまここに用事があって通りかかったとか、用事で来たついでに寄ってみたとかなど、しらじらしいウソをつくとよけいに関係がこじれる可能性が高い。

　ダイアログのように、バラの花束を持って彼女の職場近くで待ち、彼女が出てきたところで素直に謝るのが最良の方法といえるだろう。

●ケンカしたときには花束を!

　恋人たちがケンカしたときにどうやって仲直りするか、仲直りの方法はさまざまだが、そのなかでもっとも頻繁に使われているのが、花束を買って渡すという方法だ。

　たとえば相手の職場にメモを入れた花束を配達したり、ふんいきが良いところに呼び出し食事をしたり、ちゃんとした謝り方でないと仲直りはなかなかできない。

　反対に女の人が一生懸命謝るばあいもある。たとえば、前の彼氏に会ったりしてバレたときや、約束の時間に遅れて待たせたと

きなどだ。

_{ジグミ　ドデチェ　ミョッシヤ}
男：지금이 도대체 몇시야?
　いま何時だと思う？

_{ミアネ　ジョンマルミアネ}
女：미안해 정말미안해
　ごめんね、本当にごめんなさい

_{モルラ　マウンデロヘ}
男：몰라, 마음데로해
　いらないよ、勝手にしろ

_{ジャギ　サランヘ　ヨンソヘジョ}
女：자기 사랑해,용서해죠
　あなた愛している、許して

　このように言葉で謝ることができないばあいは、相手の気分が晴れるように努力する。感情表現がはっきりしている韓国の人は、どんな大きいケンカでもその場で解決しようとするため、ケンカするのも謝るのもはやい。そういう意味合いで使うことわざが以下のもの。

_{ブブサウムン　カルロ　ムルベギ}
부부싸움은 칼로 물베기
夫婦のケンカは刀で水を切る

夫婦はケンカをしてもすぐ仲直りするという意味だ。一晩寝って起きたら仲良くなるという言葉もある。
　日本は昔から夫婦の布団が別々だったが、韓国はお嫁に行くと

きいちばん大事にされるのが夫婦用の大きい布団だ。どんなことがあっても夫婦は同じ布団に入り、楽しいことも悲しいことも分かち合うのだ。

　言葉で謝るときには次のようにストレートに言った方がよい。

ミアネヨ　ヨンソヘジュセヨ
미안해요. 용서해 주세요
ごめんなさい。許してください

ヌバケ　オプタヌンゴル　イゼアラッソ
너밖에 없다는걸 이제알았어
君しかいないってことがよくわかったよ

ネガ　チャカッヘンナバ　ヨンソヘ
내가 착각했나봐. 용서해
ボクが勘違いしていたよ。許してくれ

スロ　ジャヨンソロウォジジャ
서로 자연서러워지자
お互いに素直になりましょう

お見合いはまだまだ盛ん
선보기는 아직도 한창

DIALOGUE

<small>ピョンソエ　シガンナミョン　モハセヨ</small>
女: 평소에 시간나면 뭐하세요?
休みの日はなにをしてますか？

<small>ヨンファロル　ジョアヘソ　ヨンファグァネ　ジャジュ　ガヌンピョニンミダ</small>
男: 영화를 좋아해서 영화관에 자주 가는편입니다
映画が好きで映画館によく行きますが

<small>オモ　ホンジャソ　ヨンファボロ　ガセヨ</small>
女: 어머 혼자서 영화보러 가세요?
へぇひとりで見に行くんですか？

<small>ガチ　ガルサラミ　イッソヤジョ　オンジェ　シガンイッソミョン　ガチ　ガシルレヨ</small>
男: 같이 갈사람이 있어야죠 언제 시간있으면 같이 가실래요?
だっていっしょに行く人がいないんですよ。
時間がよければいっしょに行きませんか？

<small>グロジョ　モ</small>
女: 그러죠 뭐
そうしましょう

<small>オルマジョン　ヨンファボロガッソルテ　エィゴピョネ　ゼミインヌンゴ　マントンデ
イボン　トヨイル　オテヨ</small>
男: 얼마전 영화보러갔을때 예고편에 재미있는거 많든데,
이번 토요일 어때요?
この間映画を見たとき予告編でおもしろそうな映画がたくさ
んあったので、今度の土曜日はどうですか？

●お見合いして結婚する人が多い

　まだお見合いの習慣が根強く残っている韓国では、恋愛より見合いが安全だと言われている。

　結婚しようと思っている男女に結婚相手がなかなか見つからないばあい、親が仲人である『ジュンメジャンイ（중매쟁이）』を通して結婚相手を紹介する。

　見合いの場では、遠回しに自分の意図をあらわす。たとえば、女の人が芝居が好きだというのなら、ちょうど昨日友だちからチケトをもらったとか、今おもしろい芝居がやっていると聞いたとか言って、何気なく相手を誘う。

　また、「お酒は好きですか？」と「タバコはとのぐらい吸われますか？」は、女性が必ずする質問だ。

　別れるときは後で連絡しますと名刺を交換するのが一般的。韓国には「お見合いをやっているところで、お茶だけではなく食事までしてしまうと結びつかない」という話がある。

　このダイアルログでは映画の話で盛り上がっているが、この他にも、スポーツはなにが好きか、趣味はなにかなど、２人の共通点を探し出そうとする会話も多い。

　また、最近は結婚コンサルタント会社があちこちで営業しており、さまざまなイベントをもうけ人気を集めている。

男：선 많이 보셨어요?
　　ソン　マニ　ボショッソヨ
　　お見合いの経験は多いですか？

女：그렇게 많지는 않지만 보는편이예요
　　グルッケ　マンチヌン　アンチマン　ボヌンピョニエィヨ
　　そんなに多くはないですけれども見る方です

男：<ruby>스포츠<rt>スポツ</rt></ruby> <ruby>좋아하세요<rt>ジョアハヘヨ</rt></ruby>?
スポーツは好きですか？

女：<ruby>별로<rt>ビョルロ</rt></ruby> <ruby>안좋아해요<rt>アンジョワヘヨ</rt></ruby>
あまり好きじゃないです

男：<ruby>그럼<rt>グロン</rt></ruby> <ruby>연극같은거 좋아하세요<rt>ヨンゴッガトンゴ</rt></ruby>?
そうしたらお芝居のようなものは好きですか？

女：<ruby>전<rt>ジョン</rt></ruby> <ruby>연극보단<rt>ヨンゴクボダン</rt></ruby> <ruby>콘서트쪽을<rt>コンソトチョグル</rt></ruby> <ruby>좋아해요<rt>ジョワヘヨ</rt></ruby>
私はお芝居よりはコンサートの方が好きです

　ここではどうやら女の人が振りそうなシチュエーションだ。男性があれこれ質問して、色好い返事がもらえないときは、女性があまり乗り気でない証拠。次にまた会えることはほとんどない。

お見合いの１カ月後
선 본지 한달뒤

DIALOGUE

オノル ガカウンバダッカロ フィナ モゴロ ガルカヨ
男：오늘 가까운 바닷가로 회나 먹으로 갈까요?
近い海辺にさしみでも食べに行きましょうか？

グロッチアナド フィガモッコシッタゴ センガクヘンヌンデ
女：그렇지안아도 회가먹고싶다고 생각했는데
そうじゃなくてもちょうど刺身が食べたいなと思ったところですけど

ムソンフィ ジョアハセヨ
男：무슨회 좋아하세요?
どんなさしみが好きですか？

フィラミョン ダ ジョアヘヨ
女：회라면 다 좋아해요
さしみならなんでも好きです

ジャルデックンヨ、ジョド フィラミョン サジョッオル モッソヨ
男：잘됐군요, 저도 회라면 사족을 못서요
よかったですね。ぼくも刺身には目がないんですよ

モンガ トンハヌンゴッ ガトンデヨ
女：뭔가 통하는것 같은데요
なんだか通じているようですね

135

●話はどんどん進む

　2人が連絡を取り合っているようだと、親や仲人が話をどんどん進める。早く結婚してほしいという親の願いによって、本人たちが付き合っているだけだといっても話が勝手に進んでしまうケースもある。デートでは夜に食事に行ったり喫茶店で話をしたりするが、週末にはドライブがてら郊外に行くパターンが多い。

　お見合いして相手が気に入ったばあい、どういうふうにデートを申し込むかが問題。連絡のチャンスをつくるため女の人の方にピザや花を配達することがけっこうある。いわゆる女性の心理を利用した作戦。女性がお礼の電話をすることによって話が自然に進むわけだ。

　お見合いがうまくいき、つきあいが進展すると、恋人を友人たちに紹介するのが一般的だ。

　　　オノル　チングドル　マンナヌンデ　タラガジャ
男：오늘 친구들 만나는데 따라가자
　　今日、友だちに会うけどついて来ない？

　　　オトン　チングドルインデ
女：어떤 친구들인데?
　　どういう関係の友だち？

　　　ゴドンハッキョ　ドンチャンドリヤ　ソゲシキョジュルケ
男：고등학교 동창들이야 소개시켜줄께
　　高校の同級生を紹介してあげるよ

　　　オディソ　モイヌンデ
女：어디서 모이는데?
　　どこで集まるの？

<ruby>男<rt></rt></ruby>：주로 모여서 밥먹는데 장소는 아직 안정했어
<small>ジュロ　モヨソ　バプモンヌンデ、ジャンソヌン　アジッ　アンジョンヘッソ</small>
たいてい集まってご飯食べるけど場所はまだ決まってない

　お見合いして1カ月も付き合っているというのは結婚を前提にするので、お互いの趣味や好きな食べ物など自分についてのことを知らせようとする。とくに男の人は友だちを紹介することによって、公式的に自分にも彼女がいることやまもなく結婚することなどを報告する。

恋と信仰は両立しない
사랑과 신앙은 양립하지 못한다

DIALOGUE

ナン ジャギガ キョフィアンガミョン キョロンアンヘ
女：난 자기가 교회안가면 결혼안해
私はあなたが教会に行かないなら結婚しない

アラッソ アラッソ、ガミョン デルコアニャ
男：알았어 알았어, 가면 될거아냐
わかったわかった、行けばいいんだろ

ジョンマル、ゴロミョン イボン イリョイルナル ガチガ
女：정말, 그러면 이번 일요일날 같이가
本当、そうしたら今週の日曜日いっしょに行こうね

グニャン アンジャマン イッソミョン デヌンゴジ
男：그냥 앉아만 있으면 되는거지?
ただ座っているだけでいいだろう？

ウン アユ ウリイプン ジャギ
女：응, 아유 우리이쁜 자기
うん、なんてかわいいあなた

イゼ ジュゴッタ、イルヨイルナル オトケ イルナニャ
男：이제 죽었다, 일요일날 어떻게 일어나나
これから大変だ、日曜日はどうやって起きればいいんだ

ネガ モニングコールヘジュルケ
女：내가 모닝콜해줄께
私がちゃんとモーニングコールしてあげるから

●信仰の問題は深刻だ

　韓国は日本と違ってわりとカトリックが多い国だ。結婚する前に両家とも違う宗教を持ち、どちらも自分の宗教をすてられず思いなやんでいるカップルがけっこういる。

　とりわけ長男のばあいは家の法事をまつる義務があるので、女性がキリスト教徒だと問題になる。

　ダイアログでは、男性が女性に妥協して教会に行く約束をしているが、結婚するまではとりあえず言うことを聞いて、結婚したら約束を反故にすることもしばしばある。

　もちろん、結婚後に家の行事などはよく妥協してうまくいく場合もあるが、「私はカトリックなので法事なんてとてもできません」とお嫁さんが言ったりしはじめるとトラブルになる。

　お互い好きどうしでも、宗教のために悩まなければならないことが、実際にたくさんある。

　　　　ナヤ　アニミョン　キョフィヤ
男：나야 아니면 교회야
　　ボクと教会どちらかを選びなさい

　　　　グゴル　オトケ　ソンテケ
女：그걸 어떻게 선택해
　　どうやって選ぶのよ

　　　　グルン　ナル　ハナニミラゴ　センガクハゴ　サルミョンデジャンア
男：그럼 날 하나님이라고 생각하고 살면돼잖아
　　そうしたらボクを神様だと思って暮らせばいいじゃない

　　　　ジグングゴル　マリラゴ　ヘ
女：지금그걸 말이라고 해
　　冗談言ってるばあいじゃないわよ

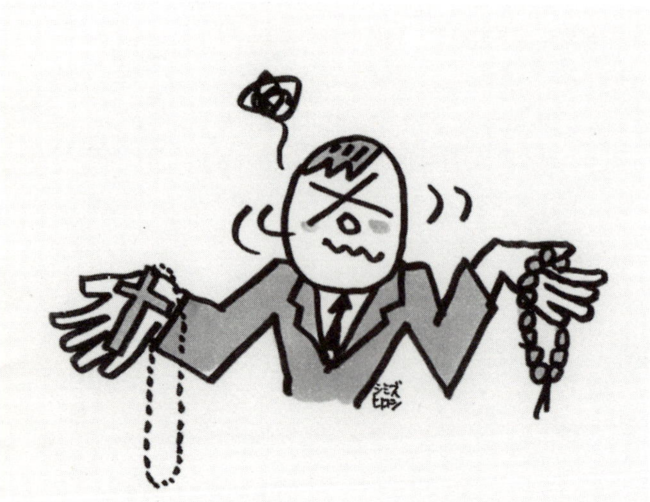
シミズ
ヒロシ

ナイトクラブは踊って合コンするところ
나이트크럽은 춤추면서 미팅하는곳

DIALOGUE

男達：
　　　イゴ　ミインドル　マンナベッケデオ　ヨングァンインミダ
　　　ガチ　アンジャド　デルカヨ
이거, 미인들 만나 뵙게되어 영광입니다.
같이앉아도 될까요?
こんな美人たちにお会いできて光栄です。
同席してもらえますか？

女達：
　　　イェ　アンジョシジョ
예, 앉어시죠
はい、いいですよ

男達：
　　　シンゴシクブト　ハルカヨ　ジャ　ウェンチョップト　チャレロ
신고식부터 할까요 자 왼쪽부터 차례로
報告式から始めましょうか、では左側から

（紹介が終わり個人的な話に入る）

女：
　　　アカボニ　チュムル　アジュ　ジャル　チュシドンデ
　　　ジャジュ　オシナバヨ
아까보니 춤을 아주 잘 추시든데,
자주 오시나봐요
さっき見たけどダンスがすごい上手ですね。
よく来るでしょう

> <ruby>그기도<rt>グギド</rt></ruby> <ruby>만만치않던데요<rt>マンマンチアントンデヨ</rt></ruby>, <ruby>아<rt>ア</rt></ruby>!
> <ruby>마침<rt>マチン</rt></ruby> <ruby>부르슨데<rt>ブルスンデ</rt></ruby> <ruby>같이<rt>ガチ</rt></ruby> <ruby>나가실래요<rt>ナガシルレヨ</rt></ruby>?
> 男：그기도 만만치않던데요, 아!
> 마침 부르슨데 같이 나가실래요?
> **そちらこそ上手じゃないですか、**
> **あっ、ちょうどブルースなのでいっしょにどう?**
>
> <ruby>좋아요<rt>ジョアヨ</rt></ruby>
> 女：좋아요
> **オーケー**

●ナイトクラブは韓国ディスコ

踊りが好きな韓国人は、会社の同僚どうしや友だちどうし（女どうし、男どうしでも）でナイトクラブによく行く。そこで気が合う人々に出会って合コンになるケースも多い。

韓国でナイトクラブというのは、いわゆるディスコのことで、20代から30代の人たちが踊ったり、お酒を飲んだりして楽しむ場所となっている。

<ruby>요즘<rt>ヨジョム</rt></ruby> <ruby>뜨는<rt>トヌン</rt></ruby> <ruby>누구누구랑<rt>ヌグヌグラン</rt></ruby> <ruby>닮았군요<rt>ダルマックンヨ</rt></ruby>
男：요즘 뜨는 누구누구랑 닮았군요
最近人気あるだれだれに似てますね

<ruby>그런소리<rt>ゴルンソリ</rt></ruby> <ruby>많이<rt>マニ</rt></ruby> <ruby>들어요<rt>ドルヨ</rt></ruby>
女：그런소리 많이 들어요
よく言われますけど

<ruby>처음봤을때<rt>チョウンバッスルテ</rt></ruby>, <ruby>깜짝놀랐어요<rt>カムチャッノラッソヨ</rt></ruby>
男：처음봤을때, 깜짝놀랐어요
はじめて見たときびっくりしましたよ

<ruby>女<rt>　</rt></ruby>：그렇게 <ruby>닮았어요?<rt>グルッケ　ダルマッソヨ</rt></ruby>
そんなに似てますか？

こういうふうにして、気にいった女の人の気をひくために、とにかく誉めて相手の気分をよくさせる。

男：<ruby>춤추는거<rt>チュムチュヌンゴ</rt></ruby> <ruby>좋아하세요?<rt>ジョアハセヨ</rt></ruby>
踊りは好きですか？

女：<ruby>요즘<rt>ヨジョム</rt></ruby> <ruby>테크노댄스가<rt>テクノデンスガ</rt></ruby> <ruby>유헹이라는데<rt>ユヘンイラヌンデ</rt></ruby>
最近テクノダンスが流行だというけど

男：<ruby>잘못추는데<rt>ジャルモッチュヌンデ</rt></ruby> <ruby>가르쳐주시겠어요<rt>ガルチョジュシゲッソヨ</rt></ruby>
踊りが下手なので教えてください

　このように女性に甘える感じで取り入る方法もある。
　ダイアログのように突然コンパのかたちになるのを『ブッキン』と呼ぶ。ブッキンは英語で言えばブッキング。相手のグループに同席してもいいかどうかをまず確認し、大丈夫となれば自己紹介が始まる。
　自己紹介のときに強烈な印象を相手方に植え付けておくと、自己紹介後の話がスムーズに進む。
　自己紹介が終わればフリータイムで、各自好きな人とおしゃべりをすることになる。
　ここで気に入った人が現れれば、男性はすかさず外に出てプレゼントを買い求める。

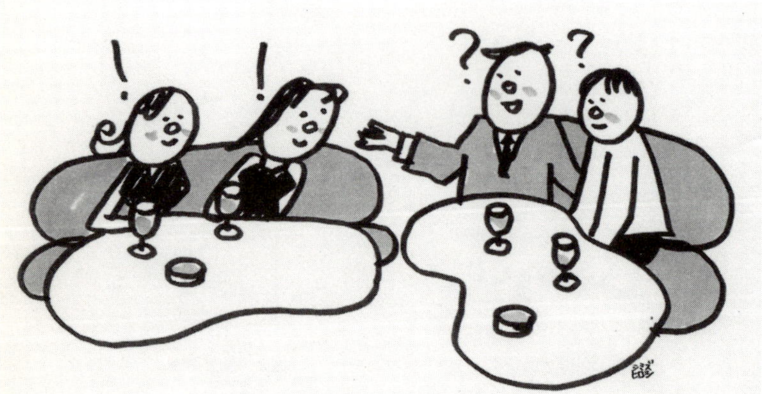

ナイトクラブで個人ブッキン
나이트 클럽에서 개인부킹

DIALOGUE

男1：몇살입니까？ _{ミョッサルインミカ}
おいくつですか？

女1：대학교 3학년인데요 _{デハッキョ 3ハッニョニンデヨ}
大学校3年生です

男2：전공은 뭐예요？ _{ジョンゴンウン モエィヨ}
専攻はなんですか？

女 ：무용과요 _{ムヨンクァヨ}
舞踊ですけど

男1：어쩐지 몸매가 다르더라 _{オチョンジ モンメガ ダルドラ}
なんとなく体つきが違うと思った

男3：자 제잔 한잔 받으세요 _{ジャ ゼザン ハンジャン バドセヨ}
ではボクが一杯あげますから

女 ：고맙읍니다 _{ゴマッスンミダ}
ありがとうございます

●個人ブッキンはウェイターに頼む

　ナイトクラブによく行く人やウェーターたちに知り合いがいるばあいは、入ってふんいきを見ながらウェイターといろいろ話をする。

　ナイトクラブには『個人ブッキン』というシステムがある。これは気に入った女性客を指名すると、ウェイターが間に入って交渉してくれ、女性を連れてきてくれるというシステム。

　日本人には理解しがたいが、指名された女性（ホステスではなく、チャージを払って入場しているお客さん）は基本的に指名先に行かなければならないことになっている。

　グループではなく１人だけが指名され、その女性は友だちのところと指名先のテーブルを行き来しながら遊ぶことになる。行き来だといっても、滞在時間はビール２杯ぐらい飲む時間で、あとは他のところから呼ばれるとまた移動する。

　ウェイターに「おにちゃん（オパ）今日あまりだね」や「今日は水がよくないね」とか言うと、ウェイターも「分かった分かった。後でやってあげるから」など返事をくれる。

　男の方から、たとえば「あそこに座っている髪の毛が長い女の子だ」と言うと、ウェイターが行き橋をかけてくれる。

ムソンイルハセヨ
男：무슨일 하세요
　　お仕事はなんですか？

ドウミ　モデリエィヨ
女：도우미 모델이예요
　　ドウミモデルです

男：<ruby>어쩐지<rt>オチョンジ</rt></ruby> <ruby>몸매가<rt>モンメガ</rt></ruby> <ruby>좋아시더라<rt>ジョウシドラ</rt></ruby>
やっぱりスタイルがいいと思った

女：<ruby>요즘은<rt>ヨジョム</rt></ruby> <ruby>오래서있어서<rt>オレソイッソソ</rt></ruby> <ruby>다리가부어<rt>ダリガブオ</rt></ruby> <ruby>그렇지도<rt>グロッチド</rt></ruby> <ruby>않아요<rt>アナヨ</rt></ruby>
このごろは立ちっぱなしでいるからそうでもないですよ

　ドウミモデルというのは、販売促進グッズを繁華街で配り歩いているお姉さん。個人ブッキンで呼んだドウミモデルをしている女性を誉めて口説いているわけだ。
　男女が簡単に出会える個人ブッキンだが、結婚するカップルはわずかだ。なぜかというと、個人ブッキンをやっている人は浮気タイプだとお互いに思われかちだからだ。

ナイトクラブの二次会で盛り上がる
나이트클럽은 2차로 가는곳

DIALOGUE

ブルス　ハンゴッ　オテ
男：부루스 한곡 어때?
ブルースを１曲どう？

ジゴンマク　ドルワッヌンデ　ジョムイッタガ
女：지금 막 들어왔는데, 좀있다가
入ったばかりなのに、もう少しあとでね

グルン　ネガモンジョ　エィヤッヘッタ
男：그럼 내가먼저 예약했다
なら、ボクが先に予約したのを忘れずに

ウン　アラッソ
女：응 알았어
うん、わかった

ヨジョム　イロンチュミ　ユヘンハンダミョ、ヨンソプジョムヘッチ
男：요즘 이런춤이 유행한다며 연습좀했지
最近こういう踊りがはやっているって、ちょっと練習したけど

ウワ　ヨンソプカジ　ヘッソ
女：우와, 연습까지 했어!
ワウ、練習までやったの！

●二次会はナイトクラブで盛り上がる

　友だちの誕生日やアルバイトの給料をもらったときなど、友だちを呼んで二次会としてよく行くところがナイトクラブだ。

　みんなでワイワイ騒ぎながら、居酒屋でケーキやお祝いのお酒を飲み、ちょうど盛り上がった時点でナイトクラブに行く。

　だいたいグループで行ったときはステージに出てみんなで輪になって踊る。ワイワイと騒いでいるうちに隣で踊っている人たちにまで興が移り、ものすごく楽しくなる。これがこのときにしかできない若さの表現かもしれない。

　　　ディージェイハンテ　エィギヘッソニカ　ウマッ　ナオルクヤ
男：DJ 한테　예기했어니까　음악　나올꺼야
　　DJに話したから音楽出るよ

（みんなで歌う）
축하합니다, 축하합니다, 당신의 생일을 축하합니다
おめでとうございます、おめでとうございます、あなたの誕生日をおめでとうございます。

　　　センキュ
女：생큐
　　サンキュウ

　　　ギニョムロ　ブルス　ゴンジュニム
男：기념으로　부루스　공주님
　　記念にブルース、お姫様

　　　ファンゴンハオンニダ　ワンジャニム
女：황공하옵니다, 왕자님
　　おそれいります、王子様

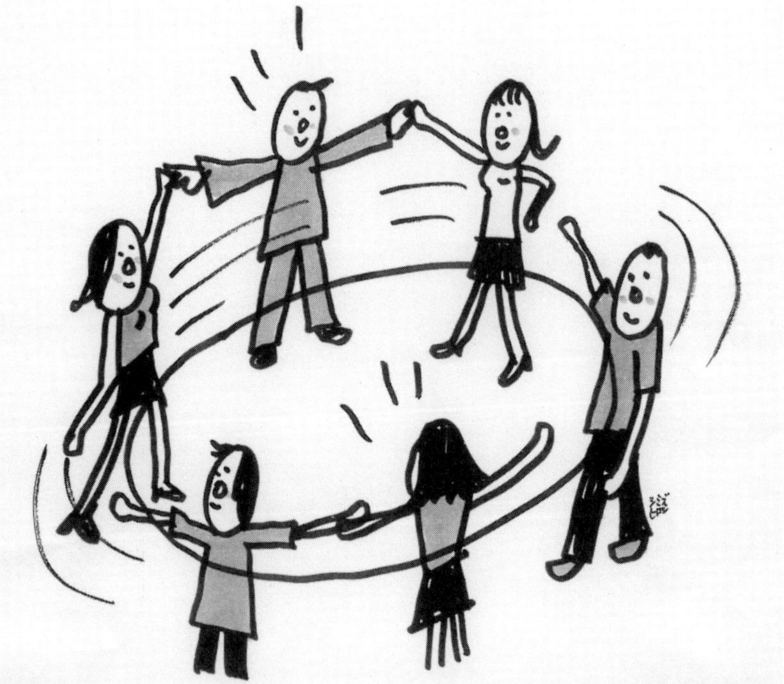

ルームサロンは高級クラブ？
룸싸롱은 고급클럽

DIALOGUE

客 ：
ミスキム　ナラン　オディー　ヨヘンアンカルレ
미스김, 나랑 어디 여행안갈래?
キムさん、私といっしょにどこか旅行にでも行かない？

ホステス：
オモモ　プインアシミョン　オッチョシリョグヨ
어머머 부인아시면 어쩌시려구요
あらら、奥さんにばれたらどうするつもり？

客 ：
クルンコクチョン　アンヘドデ　ミョッチルガン
チュルチャンカンダー　ゴハミョンデニカ
그런걱정 안해도돼 몇일간 출장간다고 하면돼니까
**それは心配しなくたっていいよ。
何日間か出張に行くと言えば済むんだから**

ホステス：
オディロ　カルクンデヨ
サザンニム　ハゴミョン　オディルモッカゲッソヨ
어디로 갈건데요 ? 사장님 하고면 어딜못가겠어요
**どこに行くつもり？
社長といっしょならどこでもいいけど**

客 ：
ハンジョッカン　サンジャンオン　オッテ
한적한 산장은 어때?
ひなびた山荘でもどう？

151

●ルームサロンは大人の場所

　ルームサロンというのは、いわゆる売春ができる高級クラブのことだが、チップさえはずめば触ってもなにしてもいい。

　ホステスの呼び方は名前。もちろん本名ではないが、簡単で呼びやすい芸名のような名前が多い。基本的にはきまえがよくてチップをたくさんもらえるような人が人気があるのだが、やはり人間的に情が移るタイプはマーナがよくて遊び方が上手な人だという。

　　　　イルハダボミョン　ジクジョンサラン　マンチ
男：일하다보면 짖궂은 사람많지?
　　仕事していると意地悪な人いっぱいいるでしょう

　　　　グゲ　ゼイリンゴルヨモ
女：그게 제일인걸요뭐
　　それが私の仕事ですから

　　　　イロンゴッエン　ウェ　ワッソ
男：이런곳엔 왜왔어?
　　こんなところはなんで来たの？

　　　　ジョルゴッケ　シガンドボネゴ　ドンドボルゴ
女：즐겁게 시간도 보내고 돈도벌고
　　楽しく時間をつぶせるしお金も稼げるから

　　　　ナムジャチングヌン　イッソ
男：남자 친구는 있어?
　　彼氏はいるの？

　　　　イッソヨ
女：있어요
　　いますよ

ナムジャチング　アルミョン　オチョリョゴ
男：남자친구 알면 어쩔려구?
　　彼氏にばれたらどうする?

こういった会話だと、なんでもお金で買おうとする客よりはホステスのうけがよい。昔は生活を立てていくのが大変で水商売をやったが、最近は贅沢な生活のためやっている人が多い。

　　　ナゼヌンモヘ
男：낮에는뭐해?
　　昼はなにやっているの?

　　　モデルイエィヨ
女：모델이예요
　　モデルです

　　　ヒンドルジアナ
男：힘들지안아?
　　大変じゃない?

　　　ゼミイッヌンゴルモヨ
女：재미있는걸요뭐
　　おもしろいですもの

カラオケにはホステスがいる
단란주점에 호스테스가있다

DIALOGUE

男
オ ジャルバジョンヌンデ
어! 잘빠졌는데
アウ！スタイルいいなあ

女
オモ ジャギド ジャルセンキョッソヨ
어머, 자기도 잘생겼어요
あなたもすてきよ！

男
イロミ モヤ
이름이 뭐야?
名前はなに？

女
ウンキョンイエィヨ イブゲ バジュセヨ
은경이예요, 이쁘게 봐주세요
ウンギョンです、どうぞよろしく

男
モンメ ジョウンデ オトケ グァルリヘ
몸매 좋은데 어떻게 관리해?
スタイルはどうやって管理しているの？

女
アイチャン グロンゴン ウェムロヨ
아이참 그런건 왜물어요
いやだ、なんでそんなこと聞くんですか

男
ウリマヌラハンテ ガロチョジュゲ
우리마누라한테 가르쳐주게
私の女房に教えてあげよう

女　사모님이 뚱뚱하신가봐요
　　奥さん太っているようですね

男　오늘 우리 2차갈까?
　　今晩、二次会に行こうか？

●大人のカラオケはどんなとこ

　一言で言うと値段がやすいルームサロンだと言える。看板には韓国語で『단란주점（ダンランジュジョム）』と書かれており、1人でも2人でも希望するとおりホステスを呼ぶことができる。1人あたりにいくらだと決まっており酒を飲み終わった後、二次会に誘うと、たいていはいっしょに行ってもらえる。そのお金はチップと違ってまた別に計算することになっている。

　ここはカラオケを楽しみながらお酒を飲むところだが、お金やチップが掛かっているだけに体を触ったりするのも当然。なによりチップが安いということがメリット。

男：내일 점심때 시간있어?
　　明日お昼時間ある？

女：있어요, 맛있는거 사주게
　　ありますよ、おいしいものでもごちそうしてもらえる

男：응,점심먹고 드라이버나 할까?
　　ウン、ご飯食べてドライブでもしようか？

オパ　モッゼンイヤ
女：오빠, 멋쟁이야

オパ、素敵

もちろんお金を払って出るわけで個人的な人間関係がつくられると可能になる。

しかし、奥さんにばれると問題は大きくなる。背広のポケットの中から証拠になりそうなものや大口のカードの請求書などが見つかり夫婦喧嘩のあげく離婚する人もいる。

姦通罪がある韓国は、このように現場とか証拠を見つけ離婚訴訟まで行くばあいが少なくない。

《著者紹介》

キム・スンヨン(金順英)
1970年韓国慶尚南道密陽市生まれ。暁星女子大学食品工学部卒業。1997年に来日。現在、通訳翻訳業に従事しながら日本の現代文化を研究している。
連絡先：skim@gendosha.co.jp

東　強志
1965年埼玉県秩父生まれ。アジアの文化について幅広く研究している。本書では日本人の立場で韓国の恋愛に関するさまざまな疑問を調査した。

恋する韓国語

韓国恋愛事情のすべてがわかる

2000年10月25日初版発行

著　者：キム・スンヨン（KIM Sunyoung）
　　　　東　強志（AZUMA Tsuyoshi）
発行者：長坂一雄
発行所：竹内書店新社
　　　　〒102-0071 東京都千代田区富士見2-6-9 雄山閣事業出版内
　　　　tel:03-3262-4953　　fax:03-3262-6938
　　　　振替 00120-0-253335（竹内書店新社）
印　刷：錦明印刷株式会社
製　本：協栄製本株式会社

定価はカバーに表示してあります。
乱丁・落丁本は本社にてお取り替えいたします。
© 2000　Printed in Japan　ISBN4-8035-0310-9 C1087